Panadería Casera

CHOLY BERRETEAGA
MARCELO VALLEJO

Panadería Casera

EDITORIAL ATLANTIDA

BUENOS AIRES • MEXICO • SANTIAGO DE CHILE

PRODUCCIÓN GENERAL: MARISA TONEZZER

COORDINACIÓN EDITORIAL, CORRECCIÓN E ILUSTRACIONES: MARISA CORGATELLI

TIPEO DE ORIGINALES: PAULINA Y LAURA MALDONADO

PRODUCCIÓN FOTOGRÁFICA: GRACIELA BOLDARÍN

FOTOGRAFÍA: ALFREDO WILLIMBURGH

SUPERVISIÓN DE ARTE: CLAUDIA BERTUCELLI

DISEÑO DE INTERIOR: NATALIA MARANO

DISEÑO DE TAPA: ALINA TALAVERA

PRODUCCIÓN INDUSTRIAL: FERNANDO DIZ

COMPOSICIÓN: PANORAMA

PREIMPRESIÓN: ERCO S.R.L.

AGRADECEMOS A:

BAZAR LA LUNA

DRUGSTORE BAZAR

KEN

LA FERME

Palabras de la autora

Me alegra compartir la autoría de estas páginas con un buen amigo, Marcelo Vallejo, un joven y talentoso maestro panadero, conocido a través de los programas *Utilísima y Utilísima Satelital*. Desde que conocí a Marcelo, hace ya bastantes años, fue siempre un profesional honesto, muy creativo y sobre todo una persona de bien. Para mí es un orgullo haber hecho este libro con él.

Estoy segura de que *Panadería casera* resultará útil para preparar ricos panes o facturas, pero sobre todo como una importante alternativa laboral.

Dedico este libro a todos los lectores, que me han acompañado durante tantos años.

Agradezco, además, a Editorial Atlántida, a Ernesto Sandler y a Utilísima, que siempre nos apoyan en todos nuestros proyectos.

Palabras del autor

Muchas veces me pregunto cómo surgió en mí esta maravillosa tarea de amasar, y siempre encuentro la misma respuesta: por un lado, el legado de mis abuelos, españoles y panaderos, y por otro, la influencia de Choly Berreteaga, talentosísima mujer y excelente profesional.

A través de Choly aprendí a querer más este oficio. Todo mi agradecimiento para esa persona generosa, amable y humilde, por haberme abierto este camino y ayudarme a transitarlo.

Agradezco también a Editorial Atlántida a Ernesto Sandler y a *Utilísima,* por la oportunidad que me brindan.

Dedico este libro a la memoria de mi abuelo Marcelino y de mi tío Julio, con quienes me hubiese gustado amasar y compartir juntos ese aroma a pan recién horneado.

Los componentes de un buen pan

Una de las reglas básicas de la cocina es elegir muy bien los ingredientes para lograr una óptima preparación. La buena elección deberá tener en cuenta la calidad de los productos, pero también seleccionar los más apropiados para la elaboración de cada receta.

Con el objeto de orientarlos en esta tarea les brindamos a continuación una guía que les permitirá familiarizarse con los ingredientes más utilizados en panificación.

HARINAS

HARINA DE TRIGO

La harina es el producto que se obtiene de la molienda del grano de trigo libre de sus envolturas celulósicas.

Las harinas se clasifican comercialmente de la siguiente manera: cero (0), dos ceros (00), tres ceros (000) y cuatro ceros (0000). La harina 000 se utiliza siempre en la elaboración de panes, ya que su alto contenido de proteínas posibilita la formación de gluten y se consigue un buen leudado sin que las piezas pierdan su forma. La 0000 es más refinada y más blanca, al tener escasa formación de gluten no es un buen contenedor de gas y los panes pierden forma. Por ese motivo sólo se utiliza en panes de molde y en pastelería, en batido de tortas, hojaldres, etc.

COMPOSICIÓN QUÍMICA DE LA HARINA

- *Almidón:* Es el elemento principal que se encuentra en todos los cereales. Es un glúcido que al transformar la levadura en gas carbónico permite la fermentación.
- *Gluten:* El gluten otorga elasticidad a las masas reteniendo la presión del gas carbónico producido por la levadura.
- *Azúcares:* Están también presentes en la harina pero en un porcentaje mínimo, ayudan a la levadura a transformar el gas carbónico.
- *Materias grasas:* Están localizadas en el germen y en las cáscaras del grano de trigo. Es importante destacar que parte de estas materias desaparecen durante el envejecimiento de las harinas y se convierten en ácidos grasos que alteran la calidad de la harina.
- *Materias minerales o cenizas:* Para determinar el porcentaje de ellas es necesaria la incineración de las harinas. A menor proporción de cenizas

mayor pureza de la harina (0000). La de 3 ceros es más oscura y absorbe más cantidad de agua.

- *Vitaminas:* Contiene vitaminas B1, B2,PP y E.

OTROS TIPOS DE HARINA

- *Harina de trigo integral:* Es una harina oscura que se obtiene de la molienda del grano de trigo con todas sus envolturas celulósicas. Según el grado de molienda se admiten 3 tipos: grueso, mediano y fino. Esta harina puede utilizarse sola.
- *Harina de Graham:* Es una harina integral con un porcentaje más alto de salvado. Sylvester Graham fue un nutricionista americano que luchó a principios del siglo XIX por una alimentación más natural donde el salvado debía ser incluido en los amasados de pan.
- *Harina de gluten:* Se extrae industrialmente del grano de trigo, está compuesta por gluten seco y se emplea como mejorador para enriquecer una harina pobre en gluten.
- *Harina de maíz:* Se obtiene de la molienda de los granos de maíz, es el cereal que contiene más almidón, si se utiliza sola, no se aglutina la masa.
- *Harina de centeno:* Es la harina más utilizada en la panificación después de la de trigo. Es muy pobre en gluten, por ese motivo es necesario añadir un 50% de harina de trigo para conseguir un buen proceso de fermentación.
- Las harinas de soja, arroz, avena, mijo, trigo duro o candeal y de cebada al igual que la harina de centeno deben complementarse con un porcentual de harina de trigo para poder amasarlas y conseguir formación de gluten.

ADITIVOS

Son sustancias que modifican las características físicas, químicas o biológicas de un alimento con el objetivo de mejorarlos, preservarlos o estabilizarlos.

MEJORADORES DE MASA

- *Bromato de potasio:* Se trata de una sal oxidada cuya función es estabilizar el gluten y lograr masas elásticas impidiendo el escape de gas. Este mejorador, utilizado en dosis superiores, agrieta el pan y produce problemas de salud severos. Actualmente se están desarrollando mejoradores que permitan suplantarlo.

- *Aditivos con bromato:* Su objetivo es reforzar la red de gluten. Dan mayor volumen a las piezas, mejor color, aroma y sabor. Permiten la apertura del corte (incisión) y la obtención de panes con miga blanca, húmeda y alveolada.
- *Mejoradores sin bromato:* Reemplazan el uso del bromato y los aditivos con bromato a través de una combinación de enzimas y emulsionantes.
- *Extracto de malta:* Es un jarabe espeso y viscoso que se obtiene de la maceración del grano de cebada germinada. Ayuda a acelerar el proceso de fermentación, la masa se colorea mejor en el horno y el producto adquiere un gusto más agradable y fino.

AGUA

El agua hace posible la fermentación de la masa y el acondicionamiento del gluten, disuelve los ingredientes secos y la levadura fresca, hidrata los almidones y los torna digestivos, ayuda al crecimiento final en el horno y posibilita la conservación del pan. El exceso de agua en la masa no permite la buena cocción, pues la miga resulta húmeda y se produce el ablandamiento de la corteza.

SAL

La sal mejora y resalta el sabor de la harina y de los demás ingredientes, refuerza la calidad del gluten aumentando su tenacidad y plasticidad, controla el desarrollo de las levaduras. También ayuda a la absorción del agua, mejora el color y espesa la corteza. Cabe destacar que la levadura nunca debe estar en contacto directo con la sal, ya que impide el proceso de fermentación.

LEVADURAS

Las levaduras utilizadas en panadería pertenecen a la familia de las *Saccharomyces cerevisiae.* Se presentan de dos maneras: fresca o seca. La primera es de color amarillo-grisáceo, húmeda, maleable y de olor agradable. Debe conservarse en lugar fresco, no soporta temperaturas mayores a 40° C.
- *Masa madre:* Es antecesora de la levadura fresca. Se trata de una masa ácida que fermenta añadiéndose a la masa de pan. Tarda mucho más en levar y es por ello que se reemplaza por la levadura fresca (véase pág. 27)

AZÚCARES

Son clasificados según su naturaleza y calidad, entre ellos encontramos la sacarosa, la glucosa, la levulosa, la lactosa y la maltosa. De todas ellas la más utilizada es la sacarosa que vulgarmente se conoce como azúcar, extraída de la caña de azúcar o de la remolacha azucarera, es la que generalmente se emplea en panadería para la elaboración de masas dulces.

De acuerdo con su refinamiento existen:
- *El azúcar granulado:* Se usa para decorar productos de pastelería.
- *El azúcar impalpable:* Es de textura muy fina y se utiliza para espolvorear postres y para hacer *glacé* y mazapán.
- *El azúcar molido:* Es el más utilizado, el de tipo más blanco, puro y seco debe elegirse para realizar merengues de batido en crudo. El del tipo más oscuro, grueso y húmedo puede utilizarse para preparar almíbares, ya que durante la cocción se clarifica.
- *Azúcar negro:* Es azúcar molido teñido con melaza. Sirve para elaborar panes integrales porque la melaza realza el color y contribuye a la fermentación.
- *Azúcar rubio:* Es azúcar sin refinar, tiene un color rubio castaño y sirve para repostería y para endulzar infusiones.

MATERIAS GRASAS

Son sustancias que de acuerdo con su origen se dividen en: aceites, manteca, margarinas o grasas.
- *Aceite:* Es líquido a temperatura ambiente y puede derivar de vegetales o animales. Algunos se emplean en la elaboración de margarinas.
- *Manteca:* Se obtiene por el batido de la crema de leche sin ningún otro agregado. Funde a los 33º C.
- *Margarinas:* Es la materia grasa más utilizada en el mundo, más económica que la manteca y se obtiene a partir de una mezcla de grasas o aceites con leche y aditivos. Dentro de las margarinas, se encuentran las margarinas blandas y las margarinas duras. Las primeras, por su bajo punto de fusión (35º C) se asemejan a la manteca y se emplean como ella, las margarinas duras (44º C) son especiales para la elaboración de hojaldres.
- *Grasas:* Son un producto más refinado que la margarina y se dividen según su origen, en vacuna o porcina. Su punto de fusión es muy alto (44º C) y se emplea solamente en algunos productos panificados.
- *Huevos:* Son un alimento muy nutritivo. Su peso aproximado es de 60g,

de los cuales 20g pertenecen a la yema, 35g a la clara y 5g a la cáscara. Unen los elementos gracias al agua que contienen, enriquecen la masa y le otorgan suavidad.

- *Leche:* Está compuesta por agua, materias grasas, lactosa, materias nitrogenadas, materias minerales y acidez.

La leche puede ser:

Pasteurizada: Es la que se adquiere comercialmente y la que generalmente se utiliza en la vida diaria.

Descremada: Se le extrae la crema, por lo que pierde parte de su valor nutritivo.

En polvo: Se obtiene por evaporación de agua. Utilizada para refinar la masa, le otorga un sabor suave y un color tenue luego de ser horneada.

La elaboración de la masa

Esta etapa es fundamental, pues en ella se gesta el asombroso proceso que permitirá, a partir de unos pocos ingredientes, obtener infinidad de masas de variados sabores y texturas.

El secreto reside en combinar con habilidad los componentes y trabajarlos siguiendo las pautas precisas para sacar el máximo provecho de ellos.

HIDRATACIÓN

Es de suma importancia conocer el porcentaje de agua a emplear en una masa, pues de ello dependerá el éxito o el fracaso de la preparación. Principalmente tenemos que conocer la calidad de harina a emplear, ya que no todas poseen el mismo porcentaje de absorción; por ejemplo, las harinas 000 requieren un mayor agregado de agua por la cantidad de cenizas o impurezas que poseen, en cambio la harina 0000, al ser de textura más suave requiere menos cantidad de líquidos. Por lo general, suele emplearse el 60%.

AMASADO

La tarea previa al amasado consiste en pesar y medir los elementos a utilizar y ubicarlos sobre la mesa de trabajo (preferentemente de madera), ya que de lo contrario deberíamos detener el amasado para pesar la sal o medir el agua y no se trabajaría con exactitud. El método de amasado puede ser manual o mecánico y la calidad de la masa varía en función de ello. Siempre se dice que una masa hecha a mano resulta más agradable que aquella que es golpeada por una amasadora.

FERMENTACIÓN

Luego de realizado el bollo y según el tipo de masa, se deja fermentar o no antes del armado de las piezas. Por lo general una masa hecha a mano se deja levar bien antes del armado de las piezas, mientras que a las que se realizan en la panadería por medio de máquinas se las deja reposar sobre la mesa de trabajo y luego se procede al armado.

Luego de un buen armado se deja levar las piezas. Es importante no dejar pasar de fermentación, de lo contrario toman un sabor ácido, característico de la levadura, y se caen durante la cocción.

Entre las funciones de la fermentación del pan encontramos la formación de gas carbónico y la transformación física de la masa, que permite la expansión del volumen.

El torneado y la cocción de las piezas

Toda especialidad bien preparada requiere que se le dé una buena forma y que se dedique especial cuidado a su cocción, para que no se malogren las piezas.

Con el fin de realzar la presentación, es importante pintar o bañar las masas de la manera adecuada.

TORNEADO

Después de dejar reposar la masa, ya sea con o sin fermentación previa, se procede al torneado de las piezas. Es muy importante formar muy bien las piezas, pues si están mal confeccionadas se deformarán durante la cocción. Para poder llevar a cabo un buen torneado es indispensable haber dejado fermentar o reposar bien la masa, pues si posee liga no se pueden armar los panes y facturas.

CORTE DE PANES

Se puede decir que el corte de los panes es la firma del panadero, pues de él depende la buena presencia del producto final. El corte tiene como objetivo la última fermentación dentro del horno y una correcta cocción del pan. Por lo general se utilizan hojitas de afeitar perfectamente limpias y sujetas a un mango de madera. Los cortes pueden ser varios y de diferentes formas, lo más importante es saber hacerlos: la cuchilla debe sostenerse inclinada, de manera que la parte superior de ella forme un ángulo con la parte superior del pan. No es aconsejable el uso de cuchillos o tijeras que tienden a desgarrar la masa sin producir un buen corte.

En los panes de harina blanca los cortes se realizan una vez que ha leudado el pan y en el momento de cocinarlos. En los de harina integral deben hacerse en el momento de armarlos y luego dejarlos leudar. La masa integral es mucho más compacta, por ese motivo retiene el gas y permite un buen leudado a pesar de los cortes previos.

PINTURAS PARA LAS MASAS DE LEVADURA

- *Almíbar:* Colocar 75 g de azúcar con 300 cc de agua en un recipiente, hacer hervir 5 minutos, dejar enfriar, perfumar con esencia de vainilla. Pincelar las masas al retirarlas del horno; el almíbar se evapora dejando el brillo del azúcar.
- *Chuño:* Hervir 200 cc de agua. Disolver en 50 cc de agua fría, 25g de fécula de maíz, agregar al agua caliente, hervir 1 minuto y utilizar. Esta mezcla humedece y da un color especial a la corteza.
- *Glacé:* Mezclar 1 taza de azúcar impalpable con 1 cucharadita de jugo de limón y 1 cucharadita de agua y hervir. Utilizar al retirar las piezas del horno, tanto la masa como el *glacé* deben estar calientes, si no el glacé no se adhiere a la masa.
- *Glacé real:* Batir una clara con azúcar impalpable y unas gotas de ácido acético o jugo de limón. Formar una pasta y emplear.
- *Jaleas industriales:* Son preparados a base de azúcar, glucosa, mermeladas especiales y conservantes. Para utilizarlas, se agrega una parte de agua y se hierven, son las que se utilizan en panaderías para abrillantar facturas, panes dulces, masas, etc.
- *Leche y huevo:* Batir 1 huevo con 2 cucharadas de leche y utilizar en masas dulces tipo *brioches* o productos vieneses.
- *Mermelada reducida:* Mezclar en un recipiente 1 cucharada de mermelada de duraznos o damascos, 1 cucharada de azúcar y 2 cucharadas de agua. Hervir 1 minuto, enfriar y utilizar.
- *Pintura de huevo:* Mezclar 1 yema con 25 g de manteca fundida y 1 cucharadita de miel. Pincelar la masa ya cocida para otorgarle un color y humedad especiales.

TIPOS DE HORNOS

- *Hornos de mampostería:* Se los conoce también como hornos de barro o leña. Están realizados con material refractario que se calienta a través de un quemador a gas o bien a leña. Durante la cocción es conveniente introducir uno o varios recipientes que contengan agua para generar el vapor necesario para la cocción del pan. En este caso el pan se cocina sobre los ladrillos.
- *Hornos rotativos:* Son hornos eléctricos y/o a gas, en estos hornos el calor se distribuye a través de un ventilador interno. El pan se cocina en bandejas que giran durante la cocción. Estos hornos poseen un dispositivo que inyecta el vapor necesario.
- *Hornos convencionales (caseros):* En ellos las masas se pueden cocinar perfectamente. Para lograr el vapor colocar dentro del horno un

recipiente con agua hirviendo en el momento de encenderlo, de esa manera, al introducir las piezas el agua genera el vapor.

TEMPERATURA DEL HORNO

Varía según el peso y la forma de las piezas. La temperatura para cocinar panes pequeños debe ser más elevada que aquella que se requiere para cocinar los panes grandes. Si el horno se encuentra demasiado caliente, las piezas grandes se arrebatan y por el contrario, si el horno se encuentra a una temperatura más baja, las piezas pequeñas tardan en cocinarse y se secan demasiado.

TEMPERATURA EN °C	TIPO DE CALOR	APLICACIONES
160 - 180	Moderado	Piezas grandes, galletas, pan dulce, masas dulces
200 - 220	Caliente	Piezas chicas (panes de fantasía), facturas, pan de Viena.
230 - 250	Muy caliente	Hojaldre

IMPORTANCIA DEL VAPOR

- Permite el desarrollo de las piezas, aumenta su volumen, produce el ablandamiento y la dilatación provocada por el dióxido de carbono.
- Ayuda a la expansión de la masa en el horno.
- Le otorga a la corteza brillo y color.
- Permite obtener una corteza fina y crocante.
- Facilita una buena apertura de los cortes.
- No todos los panes requieren la misma cantidad de vapor; algunos, como los panes de molde, se cocinan sin vapor.

CÓMO SABER SI EL PAN ESTÁ COCIDO

Existen varias pautas que nos permiten conocer la correcta cocción del pan:

- El color de las piezas debe ser dorado.
- La textura de la corteza debe ser crocante pero no dura.
- Si la base del pan es golpeada con la punta de los dedos, debe sonar a hueco.
- Otra forma de verificar la cocción es introducir un termómetro pastelero que mide la temperatura interna del pan.

DEFECTOS DEL PAN DERIVADOS DE LA COCCIÓN

- *Horno demasiado caliente:* Esto hace que la corteza se forme demasiado rápido; el pan se arrebata y queda crudo su interior.
- *Horno frío:* Las piezas se recocinan sin obtener un buen color.
- *Exceso de vapor:* Se corre el riesgo de que los panes se bajen después de la cocción. La corteza resulta demasiado fina.

CUATRO FACTORES QUE PERJUDICAN LA ACTIVIDAD DE LA LEVADURA EN LA MASA

1) Temperatura del medio ambiente muy fría y corrientes de aire.
2) Cortes realizados en forma recta sobre las piezas.
3) Exceso de sal.
4) Demasiada cantidad de materia grasa.

QUÉ SIGNIFICA "MASA RETARDADA"

Es un proceso por el cual la actividad de la levadura se mantiene en estado de suspensión. Esto se logra colocando los panes moldeados o los bollos de masa tapados a una temperatura de 4°,4 C pero no más bajo de 2°,2 C.

POR QUÉ ALGUNAS VECES LOS PANES PRESENTAN UNA CORTEZA ARRUGADA DESPUÉS DE HORNEADOS

La causa principal es que los panes han leudado demasiado, al colocarlos dentro del horno se forma rápidamente una corteza en su superficie. La masa debajo de ésta no se expande tanto, y por ello se separa de la corteza; cuando los panes se enfrían la corteza se arruga o se muestra ampollada.

Artesanías en pan

La masa de decoración panadera constituye un elemento importante para distinguir y personalizar la producción de panes. Sin embargo son pocos los especialistas que la realizan, muchas veces por falta de tiempo o por no tener los conocimientos necesarios en esta materia.

Existen muchas recetas y variantes de esta masa, llamada también "masa muerta". Hemos elegido esta fórmula tratando de lograr el camino más simple y práctico. Con esta masa se pueden realizar no sólo pergaminos, letras o flores, sino también piezas de mayor envergadura. (Véase foto).

Harina .... 1 kilo
Sal fina .... 15 g
Materia grasa .... 300 g
(margarina, manteca o grasa)
Glucosa .... 100 g
Agua tibia .... 100 cc
Yemas 3
Agua fría .... 100 cc

Colocar en un bol la harina tamizada con la sal y la materia grasa trozada, mezclar. Aparte diluir la glucosa en el agua tibia, agregar la harina, las yemas y el agua fría lentamente. Amasar sólo hasta unir, debe obtenerse un bollo de textura consistente.

Colocar sobre la mesada o torno y estirarla de forma rectangular. Cubrir la masa con una lámina de plástico, llevar a heladera (4 a 5° C) de un día para otro.

La masa debe estar siempre cubierta y envuelta en una lámina de plástico, ya que la acción del oxígeno la deshidrata rápidamente formando una corteza que la hace inutilizable. La masa tapada puede conservarse en heladera hasta 15 días.

ARMADO DE PERGAMINOS

1- Tomar un trozo de la masa, aproximadamente 100g, según la medida que se desee dar pergamino. Estirarla bien fina, de 1mm de espesor, si es posible sin enharinar.

2- Cortar el pergamino, retirar los recortes y colocarlo entre dos láminas de plástico. Presionar ligeramente los bordes con ayuda del pulgar desde el interior hacia el exterior de la masa para afinar el borde.

3- Tomar un trocito de masa (30 a 40g), colorearla, humedecer con agua la mesada y hacer rodar la masa formando un cordón largo y cilíndrico de 2 a 3 mm de diámetro, cortarlo luego en trozos según las letras que desea realizar.

4- Sumergir un trozo de este cordón de masa en un recipiente de agua fría, luego sostenerlo en forma vertical sobre el pergamino y dejarlo caer suavemente formando la primera letra. Repetir hasta finalizar la inscripción deseada.

5- Levantar con cuidado el pergamino y apoyarlo sobre un cartón de huevos para darle movimiento, dejarlo secar durante 24 horas, sin cubrirlo, en heladera o al aire.

6- Colocarlo en horno caliente (240º C) de 4 a 5 minutos. Retirar del horno cuando los bordes se oscurezcan y el centro se mantenga claro. El matiz de color se debe a la diferencia de grosor entre los extremos y el centro.

Armado del molino

1- Preparar la masa (Véase pág. 23).

2- Tapizar con papel manteca humedecido en agua una lata vacía de 500 g y otra lata vacía de 250 g.

3- Estirar un trozo de masa y forrar las latas. Cortar pequeños rectángulos de masa y adherirlos con agua imitando los ladrillos. De la misma forma realizar la puerta y las ventanas.

4- Dejar orear de un día para otro. Cocinar a 170º C durante 45 a 50 minutos. Dejar enfriar y desmoldar con cuidado.

5- Para realizar el techo del molino, formar el molde con cartulina y papel metalizado. Tapizarlo con masa estirada y adherirle rectángulos de masa imitando las tejas. Dejar orear 24 horas y cocinar a 170º C durante 30 minutos.

6- Para realizar las aspas, estirar un trozo de masa y cortar dándole las formas. Hacer un orificio en el centro para poder sujetarlas al molino con una *brochette*. Dejar orear y cocinar de la misma manera que las otras piezas.

7- Armar el molino pegando con cola alimentaria (véase página 25) el molde pequeño sobre el más grande, colocar encima de éste el techo insertando con un palito de *brochette* el aspa del molino.

Armado de la carretilla

1- Estirar la masa y cortar las piezas (véanse moldes). Dejar orear 24 horas y cocinar a 170º C durante 35 minutos.

2- Para pegar las piezas unirlas con cola alimentaria.

Armado de flores

1- Estirar la masa como se indica en el armado de pergaminos.

2- Cortar pétalos y darles forma sobre papel metalizado. Dejar secar en heladera o al aire 24 horas.

3- Cocinar a 180° C durante 20 a 30 minutos, dejar enfriar.

4- Formar el pimpollo uniendo los pétalos pequeños con cola alimentaria, continuar agregando pétalos hasta formar una rosa.

5- Acomodarlas en un molde de cartón de huevos y cocinar 5 a 6 minutos en horno moderado.

Notas

• Pueden realizarse otro tipo de flores cortando la masa con el cortapasta elegido. Darles movimiento sobre papel metalizado, dejar secar 24 horas y cocinar a 180° C durante 25 minutos.

• Se pueden hacer varias presentaciones de hojas: quebradas, rectas o lanceoladas. Para darles forma, acomodarlas después de cortadas sobre cuñas de papel metalizado. Dejarlas orear en heladera sin tapar durante 24 horas. Cocinarlas unos minutos a 180° C, dejarlas enfriar y retirarlas con cuidado de las cuñas de papel. Para formar ramos, unir las flores y hojas con cola alimentaria.

Cola alimentaria

Agua .... 250 cc
Harina .... 100 g

Mezclar el agua con la harina, cocinar 2 a 3 minutos revolviendo siempre hasta conseguir una masa compacta y homogénea. Si lo desea, le puede dar color con diferentes esencias. Es aconsejable realizar pequeñas cantidades de cola ya que no puede utilizarse al día siguiente porque se fluidifica.

Consejos para la fijación de decorados

1) *La preparación o "mise en place":*
Antes de fijar las partes de una figura debe realizarse una "mise en place", es decir, la colocación provisional de los elementos.

2) Encolado:
Es la operación definitiva de la unión de las piezas con cola alimentaria, la que debe teñirse previamente con unas gotas de café concentrado. Es

importante utilizar la cola alimentaria en pequeñas cantidades y en puntos poco visibles.

MOLDES DE LA CARRETILLA

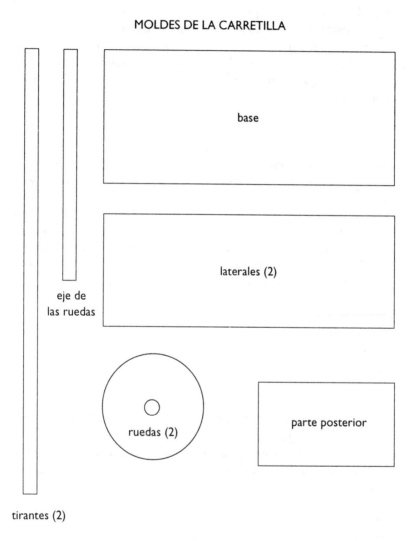

La masa madre

Se denomina así a la porción de masa fermentada y fresca, sin acidez, proveniente de un amasijo anterior, que permite asegurar la fermentación de una nueva masa.

Este procedimiento, muy utilizado en otros tiempos, ya ha caído en desuso. En la actualidad, el trabajo con masa madre en panadería es casi nulo.

En casos excepcionales se guarda un trozo de masa cruda previamente levada, sin demasiada acidez, para ser empleada en un próximo amasado.

Gracias a la aparición de la levadura industrial, este trabajo ha quedado en el pasado; además, las virtudes de la levadura de cerveza son superiores a las de la masa madre.

Es probable que en zonas rurales, donde la levadura no puede adquirirse con facilidad, se continúe utilizando el método de la masa madre; así, pues, se obtienen panes con un sabor y una textura especial. Si desea poner en práctica este método, es recomendable combinar levadura y masa madre, es decir, no trabajar solamente con esta última, pues el tiempo de fermentación llega a triplicarse.

Léxico de los especialistas

Amasijo: Masa resultante de la mezcla de todos los ingredientes.

Bastones: Trozos de masa cruda de forma cilíndrica que por lo general se cortan con la mano, estrangulando la masa.

Bollar: Formar esferas de masa.

Brilla: Palo pequeño y fino que se utiliza en el estirado de bollos pequeños para formar galletas.

Cuadra: Lugar amplio dentro de la panadería donde se elaboran y cocinan las piezas.

Cuerpo: Elasticidad y tenacidad de una masa.

Descanso: Intervalo de tiempo que se le da a una masa para que ésta no posea liga.

Empastar: Unir materia grasa con un poco de harina.

Emulsionar: Ligar, unir medios líquidos.

Encadenar: Estibar las piezas una al lado de la otra para que una vez cocidas queden adheridas entre sí.

Esponja o levadura previa: Levadura que se deja fermentar con un medio líquido o sólido antes de incorporar a los demás ingredientes.

Estibar: Colocar las piezas ya formadas dentro de una placa para su posterior cocción.

Greñado: Corte que se realiza sobre los panes para facilitar su cocción.

Latas: Placas negras que se utilizan en panadería para cocinar las piezas.

Liga o fuerza: Tensión que posee la masa luego de ser trabajada o sobada.

Pica: Rodillo de madera con clavos sin cabeza que se usa para perforar la masa de galletas o bizcochitos antes de cortarlos; permite que conserven la forma y no se ahuequen.

Puntear: Dejar levar o fermentar las piezas.

Quebrar o desgasificar: Operación que se realiza en el transcurso del leudado para eliminar el gas carbónico que se forma en la masa.

Sobar: Amasar manualmente hasta que la masa tome una textura lisa. Pasar la masa a través de la sobadora.

Sobadora: Máquina industrial que posee dos rodillos por medio de los cuales pasan grandes porciones de masa para ser estirada y refinada.

Torno: Mesa de madera de grandes dimensiones, sobre la cual se trabajan todas las masas.

Trucos y consejos
para hacer pan

1) La levadura fresca debe ser húmeda, no gomosa, presentar un color uniforme y sin manchas oscuras. Debe conservarse siempre en lugar refrigerado y retirarse con anticipación antes de utilizarla.

2) La levadura seca viene en sobres y debe ser utilizada inmediatamente después de haber abierto el paquete, de lo contrario pierde su fuerza.

3) Es importante saber que 20g de levadura seca equivalen a 50g de levadura fresca.

4) La levadura puede:
- disolverse en un medio líquido tibio
- desgranarse con un poco de harina
- fermentarse con el agregado de azúcar, agua y harina
- mezclarse con el azúcar

5) La levadura nunca debe estar en contacto directo con la sal, pues ésta quemaría los fermentos.

6) Para hacer pan puede emplearse tanto la sal fina como la sal gruesa, en este último caso conviene diluirla en un poco de agua.

7) Salvo algunas excepciones el buen amasado requiere que los elementos líquidos (leche, huevos, azúcar, levadura) sean mezclados primero y luego se incorpore de a poco la harina. De ese modo se obtiene una masa más blanda, fácil de trabajar y de una textura más lisa.

8) Una vez obtenido el bollo hay que dejarlo descansar (el tiempo de levado depende del tipo de masa) ubicado dentro de un bol enmantecado, aceitado o enharinado cubierto con polietileno y un lienzo en lugar templado fuera de las corrientes de aire.

9) No debe dejarse pasar de punto la masa levada, ya que ésta pierde la fuerza, toma un sabor ácido y varía su textura.

10) Debe dejarse leudar normalmente la masa, sin acelerar el proceso de fermentación, ya que si esto ocurre las masas resultan duras y no bien alveoladas, poco esponjosas.

11) En algunas masas suele agregarse miel para suavizar su textura y obtener piezas de un color dorado, además conserva los productos frescos y húmedos por más tiempo.

12) La levadura de cerveza no debe duplicarse de la misma manera que el resto de los ingredientes. Por ejemplo, si se utilizan 50g de levadura por 1 kilo de harina, para 2 kilos de harina se emplearán 70g. De esta manera no toman sabor ácido.

Diez pautas para lograr un buen hojaldre

1) No enharinar demasiado la mesa de trabajo o la masa, limpiar la superficie de la masa antes de plegar.

2) Dejar reposar el tiempo necesario entre cada plegado.

3) Cubrir la masa con polietileno cuando se la deja enfriar.

4) Si la manteca está muy blanda tiende a salir durante el plegado, y si por el contrario se halla demasiado dura, se quiebra durante el extendido, por lo que resulta irregular su distribución.

5) El exceso de plegado o de vueltas produce capas demasiado finas. La masa no levanta en el horno, y las piezas resultan pequeñas y comprimidas.

6) La masa debe estirarse en todos los sentidos antes de cortar las piezas, de este modo, las formas no se caerán durante el horneado.

7) Ubicar las piezas sobre placas limpias o apenas humedecidas, nunca engrasadas.

8) Para dorar la superficie de las piezas pincelar con huevo batido, teniendo la precaución de que éste no alcance la superficie de los cortes.

9) Dejar reposar las piezas antes de hornear para evitar el encogimiento o piezas torcidas. Las masas recién plegadas y armadas suelen contraerse en el horno por la tenacidad y tensiones de la masa.

10) La temperatura del horno debe ubicarse entre los 230 y 250º C. Si la temperatura es baja, la manteca se derrite y las piezas no levantan y toman un color grisáceo. Si el horno está demasiado caliente, las piezas se deforman o no levantan.

Panes

Baguette

| 4 panes |

Ingredientes

300 cc de agua
1 cucharadita de grasa
1 cucharadita de extracto de malta
500 g de harina 000
10 g de levadura
1 cucharadita de sal

▼ Colocar en un bol el agua junto con la grasa y el extracto de malta. Agregar 400 g de harina y amasar. Dejarla descansar unos minutos y espolvorear la masa con la sal.

▼ Aparte, desgranar la levadura en los 100 g de harina restante, agregar al bollo de masa, amasar bien hasta obtener una masa sedosa, dejar descansar tapada 10 minutos.

▼ Cortar trozos de 200 g y bollar, cubrir y dejar levar. Estirar los bollos y formar bastones, acomodarlos sobre placa ligeramente engrasada y dejar levar. Realizar cortes oblicuos (véase torneado y cocción de las piezas), cubrir y dejar levar.

▼ Cocinar en horno a 200° C con abundante vapor durante 30 minutos.

Espigas

• Formar el bastón, dejar descansar 5 minutos, realizar cortes en un solo costado con ayuda de una tijera. Para formar la espiga levantar un trozo cortado y cruzarlo hacia el lado opuesto.

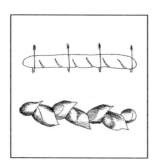

Ciabatta

2 panes

Ingredientes

MASA PREVIA
10 g de levadura
250 cc de agua
500 g harina 000

AMASIJO
80 cc de agua
10 g de sal
1 cucharadita de extracto de malta
30 g de harina 000

- Disolver la levadura en el agua a temperatura ambiente. Agregar de a poco la harina hasta formar un bollo.
- Amasar para que resulte suave, cubrir y dejar levar durante 3 horas como mínimo.
- Incorporar luego el agua, la sal, el extracto de malta y la harina. Mezclar bien con la mano y formar nuevamente un bollo. Sobarlo hasta que se torne homogéneo. Cubrir con polietileno y dejar reposar 20 minutos sobre la mesa.
- Dividir la masa en dos partes, bollarlas, cubrir y dejar levar. Formar los panes, dando la forma de un hueso. Ubicar sobre placas engrasadas, espolvorear con harina y cubrir con lienzo. Dejar levar hasta que duplique su volumen. Cocinar a 200 °C durante 40 minutos con vapor.

Nota

- Este pan es característico en la región de Emilia Romagna, Italia, es muy consumido en todo el país y su nombre traducido al castellano significa pantufla, por la forma alargada y casi hueca de este pan.

Chips

5 docenas

Ingredientes

25 g de levadura
150 cc de leche tibia
70 g de azúcar
40 g de manteca
1 huevo
2 yemas
500 g de harina 000
1/2 cucharadita de sal

- ❦ Diluir la levadura en la leche tibia y el azúcar hasta que forme espuma.
- ❦ Agregar la manteca blanda, el huevo, las yemas y por último la harina cernida con la sal.
- ❦ Formar un bollo y amasar hasta que resulte liso y tierno. Colocarlo dentro de un bol enmantecado y dejar levar en lugar tibio.
- ❦ Cortar porciones de 15 g y bollarlas. Acomodar los *chips* sobre placas enmantecadas o engrasadas, dejarlos levar, pincelar con yema batida y cocinar en horno fuerte (230° C) durante 15 minutos, preferentemente con vapor.

Figacitas especiales de manteca

| 2 docenas |

Ingredientes

300 cc de agua
1 cucharada (10 g) de sal
70 g de manteca
1 cucharadita de extracto de malta
20 g de levadura
500 g de harina 000

▼ Colocar dentro de un recipiente el agua, la sal y la manteca blanda. Mezclar con cuchara de madera y agregar el extracto de malta. Incorporar la levadura desmenuzada y poco a poco la harina.

▼ Formar un bollo y amasarlo, colocar sobre la mesada y dejar descansar cubierto con polietileno. Estirar un poco, espolvorear con harina y doblar por la mitad. Volver a estirar y repetir la operación 2 veces más.

▼ Dejar descansar, estirar hasta dejar de 2 cm de espesor y cortar con molde redondo.

▼ Ubicar las piezas una al lado de la otra sobre una placa enmantecada. Cubrir y dejar levar en lugar tibio, pincelar con manteca derretida y hornear a 200º C durante 20 minutos (con abundante vapor).

▼ Pincelar con manteca derretida al retirarlas del horno.

Hogaza de pan casero con masa madre

| I pan grande |

Ingredientes

MASA MADRE

requiere prepararse con un
mínimo de 24 hs de anticipación
(véase pág. 27)
250 g de harina 000
1/2 cucharadita de levadura
cantidad necesaria de agua

MASA DE PAN

250 g de masa madre
400 cc de agua
500 g de harina 000
2 cucharaditas de sal
2 cucharadas de grasa blanda

- Mezclar la harina con la levadura hasta que se integre perfectamente, agregar agua hasta formar una masa tierna.
- Dejarla secar a temperatura ambiente hasta que resulte dura, como mínimo 24 horas, sin cubrir.
- Hidratar la masa madre con el agua hasta que tome la consistencia de una esponja, agregar la harina cernida con la sal y la grasa. Debe obtenerse una masa consistente pero suave, amasarla muy bien y dejarla leudar tapada en lugar tibio hasta que haya aumentado el doble de su volumen.
- Darle forma redonda y acomodarla sobre una placa enharinada, dejar puntear, espolvorear con harina y realizar en la superficie un corte en forma de cruz. Cocinar en horno no muy caliente (180° a 200° C)

Nota

• Se debe cocinar a temperatura suave para evitar que se forme corteza demasiado rápido y malogre la expansión de la masa.

Pan alemán

Ingredientes

20 g de levadura
200 cc de leche
100 cc de cerveza
40 g de azúcar
50 g de manteca
1 cucharadita de extracto de malta
500 g de harina 000
1 cucharadita de sal

☙ Colocar en un bol la levadura desgranada. Incorporarle la leche tibia y la cerveza a temperatura ambiente, disolver y agregar el azúcar, la manteca, el extracto de malta y por último la harina previamente cernida con la sal.

☙ Formar un bollo, amasarlo y dejarlo levar cubierto con polietileno.

☙ Cortar trozos de 350 g aproximadamente y bollarlos, dejarlos descansar 10 minutos y alargarlos un poco. Ponerlos sobre placas engrasadas, realizar algunos cortes y dejar levar nuevamente.

☙ Hornear a fuego moderado con vapor durante 20 minutos hasta que tomen un color dorado suave. Pincelarlos con agua al retirarlos del horno.

Pan árabe

Ingredientes

20 g de levadura
300 cc de agua
1 cucharada de aceite
500 g de harina 000
2 cucharaditas de sal

- Colocar la levadura en un recipiente, agregar el agua a temperatura ambiente y disolverla. Añadir el aceite, emulsionar con cuchara de madera e incorporar de a poco la harina cernida junto con la sal.
- Formar un bollo, sobarlo y dejarlo levar.
- Cortar trozos de 40 g, bollarlos y dejarlos descansar sobre la mesa cubiertos con polietileno.
- Estirarlos en forma circular sobre una mesada enharinada, colocarlos en una placa enharinada y dejar levar.
- Cocinar a temperatura fuerte (240º C) de 6 a 10 minutos hasta que inflen y se forme una corteza dura sin color.
- Retirarlos, apilarlos unos sobre otros en caliente y cubrirlos con un lienzo, para que el vapor los ablande.

Pan bomba

| 1 pan grande |

Ingredientes

25 g de levadura
300 cc de agua
1 cucharada de aceite
1 cucharadita de sal
500 g de harina 000

▼ Diluir la levadura en el agua tibia, agregar el aceite y la sal. Incorporar la harina y formar la masa, sobar, colocar dentro de un bol y cubrirla para que leve.

▼ Dividir la masa en dos partes, estirar dándoles forma redonda y un espesor de 1/2 cm.

▼ Colocar un disco sobre la mesa enharinada, ubicar en un costado un sorbete y cubrir con el otro disco de masa también enharinado, cerrando bien los bordes. Comenzar a inflar a través del sorbete hasta que la capa superior se hinche bastante. Retirar el sorbete y cerrar, presionando bien para que no se escape el aire. Llevar a horno moderado y cocinar hasta dorar.

Pan casero o malteado

| 8 flautas |

Ingredientes

10 g de sal
250 cc de agua
30 g de grasa o margarina
10 g de extracto de malta
500 g de harina 000
10 g de levadura

W Colocar dentro de un recipiente la sal, disolverla con el agua, añadir la grasa blanda y el extracto de malta. Mezclar estos ingredientes e ir incorporando de a poco la harina, dentro de la cual se habrá desmenuzado la levadura.

W Formar un bollo y amasarlo bien. Cubrirlo con polietileno y dejarlo descansar a temperatura ambiente 20 minutos.

W Estirar la masa dándole forma rectangular, espolvorear con harina y doblar por la mitad. Repetir la operación 10 veces más (si fuera necesario, dejar descansar unos minutos entre vuelta y vuelta). Cubrir y dejar reposar.

W Cortar porciones de 100 g, darles forma de panes alargados y acomodarlos sobre una placa engrasada.

W Dejar levar, realizar unos cortes en la parte superior y cocinar en horno caliente (200º C) con vapor durante 30 minutos.

Nota

• Se puede utilizar grasa de pella (véase pág. 46). El procedimiento de doblar y espolvorear se realiza para otorgarle al pan una textura más crujiente y una corteza más gruesa.

Pan criollo

| 2 docenas |

Ingredientes

25 g de levadura
550 cc de agua
2 cucharaditas (20 g) de sal
50 g de grasa de pella
1 cucharadita de extracto de malta
1 kilo de harina 000

▼ Disolver la levadura con el agua a temperatura ambiente, agregar la sal, la grasa blanda y el extracto de malta. Mezclar bien estos ingredientes e incorporar la harina hasta formar un bollo, amasar, cubrir con polietileno y dejar reposar 30 minutos.

▼ Estirar, espolvorear con harina y doblar por la mitad, repetir esta operación 6 veces más.

▼ Dejar reposar 30 minutos, estirar hasta que 2 cm de espesor, tomar un lado de la masa y hacer un doblez de 6 cm de ancho (véase dibujo). Cortar piezas con un cortapasta de 8 cm, de manera tal que el lomo del doblez quede entero y la pieza parezca un librito. Espolvorear con harina y colocar sobre placas engrasadas, dejar levar hasta que dupliquen su volumen y cocinar en horno caliente 25 minutos con vapor.

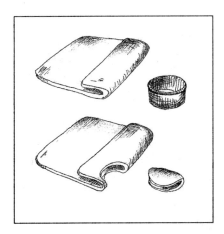

Pan criollo con chicharrones

| 15 panes |

Ingredientes

500 g de harina
1 cucharadita (10 g) de sal
25 g de levadura
250 cc de agua
130 g de grasa de pella
1 taza de chicharrones

▼ Cernir la harina con la sal y la levadura desgranada. Hacer un hueco y verter el agua junto con la grasa de pella blanda, unir la masa y agregar los chicharrones.

▼ Formar un bollo y sobar, cubrir con polietileno y dejar reposar 30 minutos.

▼ Cortar porciones, darles forma de panes redondos o alargados, ubicarlos sobre placas limpias, dejarlos leudar y cocinarlos en horno caliente durante 20 minutos.

Pan de brusqueta

I pan grande

Ingredientes

25 g de levadura
500 g de harina 000
I cucharadita de sal
225 cc de agua tibia
I/2 cucharada de azúcar
25 g de manteca
2 cucharadas de aceite de oliva

▼ Desmigar la levadura con 2 cucharadas de la harina, incorporar el resto de harina con la sal, agregar el agua tibia mezclada con el azúcar, la manteca a temperatura ambiente y el aceite.

▼ Tomar la masa y sobarla bien, dejarla leudar tapada en lugar tibio.

▼ Cuando haya aumentado el doble de su volumen, desgasificarla y darle forma de pan redondo o alargado de 4 a 5 cm de altura.

▼ Acomodar sobre una placa enharinada, dejar puntear; cocinar en horno a 220° C de temperatura, con vapor, durante 25 minutos.

Pan de cremona hojaldrado

2 panes

Ingredientes

MASA
15 g de levadura
75 g de grasa
15 g de sal fina
250 cc de agua fría
500 g de harina 000

EMPASTE
125 g de grasa
50 g de harina

- Desgranar dentro de un bol la levadura, agregar la grasa blanda, la sal fina y el agua fría. Mezclar y añadir de a poco la harina para formar una masa, sobar hasta obtener un bollo tierno y liso. Taparlo con polietileno y dejar reposar durante 10 minutos.
- Para realizar el empaste que hojaldra la masa, ablandar la grasa y formar una pasta agregando la harina.
- Estirar la masa en forma rectangular y cubrir la mitad con el empaste, espolvorear con harina y doblar por la mitad apretando los bordes para que no se escurra la grasa. Estirar hacia adelante y hacia atrás, volver a doblar al medio y repetir esta operación 4 veces más (6 en total).
- Si la masa toma liga, es decir, que no se puede estirar, dar un descanso de 10 minutos entre vuelta y vuelta.
- Estirar la masa hasta que tenga 2cm de espesor. Cortar rectángulos de 14cm x 45cm. Espolvorear con harina, doblar por la mitad.
- Hacer cortes con la punta de un cuchillo bien filoso sin llegar al borde doblado (véase dibujo) Unir los extremos formando una rueda dentada.
- Ubicar en placas engrasadas, dejar levar y cocinar a 220° C durante 20 minutos. Una vez cocidos, pincelar con agua o chuño (véase pág. 20).

Variantes

- Cuadrados hojaldrados: estirar la masa dejándola de 2 cm de espesor. Picar con tenedor, cortar cuadrados (6 cm x 6 cm) con cuchillo bien filoso (véase dibujo).
- Libritos: estirar la masa hasta lograr un espesor de 1 cm. Cortar tiras y a su vez cada una de ellas en rectángulos. Picar y doblar por la mitad, apretando con un dedo para que no se deformen al cocinarlos (véase dibujo).

Nota

- Si quedan recortes de masa pueden amasarse apenas para unirlos, dejarlos descansar 10 minutos sobre la mesada y preparar con ellos cuernitos de grasa según las indicaciones de la receta de pág. 106.

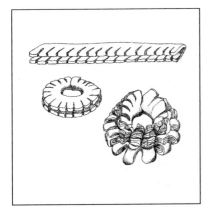

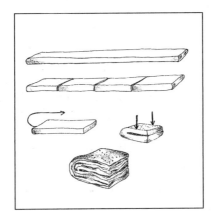

Pan de campo

2 panes

Ingredientes

25 g de sal gruesa
550 cc de agua
30 g de levadura
1 cucharadita de extracto de malta
100 g de grasa de pella
1 kilo de harina 000

▼ Colocar en un recipiente la sal gruesa con el agua tibia, disolverla completamente para que no se noten los granos en la masa. Agregar la levadura desgranada con las manos, el extracto de malta y la grasa de pella blanda.

▼ Incorporar por último la harina y formar un bollo, amasar, agregando un poco de harina si fuera necesario. Colocar dentro de un bol enmantecado, aceitado o enharinado y dejar levar tapado en lugar tibio.

▼ Desgasificar amasando bien, formar nuevamente el bollo y dejar levar.

▼ Volcar sobre la mesa y hacer dos panes redondos. Colocar sobre placas enharinadas y dejar levar cubiertos con polietileno o un lienzo. Realizar un corte en forma de cruz, espolvorear con harina la superficie y hornear a 200° C con mucho vapor durante 30 minutos.

Grasa de pella

• Adquirir en la carnicería la grasa, cortarla en pequeños trocitos o pedir al carnicero que la pique. Colocar dentro de una cacerola y derretir a fuego suave. Filtrar la grasa y colocar nuevamente sobre fuego. Los trocitos de grasa que quedaron en el colador cocinarlos unos minutos más para lograr los chicharrones. Puede conservarse en la heladera.

Pan de maíz salado

2 panes

Ingredientes

75 g de harina de maíz
200 cc de agua
15 g de levadura
1/2 cucharada de azúcar
20 g de margarina
1/2 cucharada de extracto de malta
250 g de harina de trigo 000
1/2 cucharada (5 g) de sal

- Remojar la harina de maíz en 150 cc de agua a temperatura caliente, dejar entibiar.
- Disolver la levadura con el resto de agua tibia, agregar el azúcar, la margarina y el extracto, añadir la harina de maíz remojada y por último la harina cernida con la sal.
- Formar un bollo, amasar bien y colocar dentro de un bol enmantecado o enharinado, tapado en lugar tibio.
- Cuando haya aumentado el doble de su volumen, formar los panes alargados o redondos, colocarlos sobre una placa enmantecada, dejarlos levar y realizarles cortes en la parte superior.
- Cocinar en horno moderado a 200° C con vapor durante 40 minutos.

Pan de panchos, pebetes y hamburguesas

24 a 30 panes

Ingredientes

30 g de levadura
600 cc de leche
50 g de azúcar
25 g de sal
1 cucharada de extracto de malta
80 g de margarina o grasa
1 kilo de harina 000

▼ Diluir la levadura en 100cc de leche tibia y 1 cucharada de azúcar. Dejar fermentar y agregar luego el resto de azúcar, la sal, el extracto de malta y la margarina o grasa.

▼ Mezclar con cuchara de madera, incorporar la harina alternando con el resto de leche tibia. Formar un bollo, amasarlo y dejar levar en lugar tibio.

▼ Para armar los pebetes cortar y formar bollos de 80 g de masa, alargar ligeramente y ubicarlos en una placa engrasada. Cubrir con polietileno y dejar levar. (Rinde aproximadamente 24 unidades.)

▼ Para preparar los panchos retirar trozos de 60 g, bollar y dejar reposar sobre la mesa cubiertos con polietileno. Estirarlos, dándole forma cilíndrica acomodar en placas engrasadas dejando 1cm entre uno y otro, cubrir con un lienzo y dejar levar. (Rinde aproximadamente 30 unidades.)

▼ Para preparar los panes para hamburguesas tomar porciones de 70 g, bollar y estirar con la brilla (véase pág. 28) en forma redonda. Colocar sobre placas engrasadas uno al lado del otro. (Rinde aproximadamente 28 unidades.)

▼ Hornear todos los panes a 220° C durante 15 minutos. Al retirarlos del horno, pintar con agua o chuño (véase pág. 20).

Pan de Viena con yogur

| 10 pancitos |

Ingredientes

45 g de levadura
1 cucharadita de sal
4 cucharadas de azúcar
170 cc de leche tibia
1 pote de yogur natural o de vainilla
2 huevos
550 g de harina

* Mezclar la levadura con la sal y el azúcar y diluirlas en la leche tibia.
* Agregar el yogur, los huevos y la harina; tomar la masa, sobar y dejar leudar en lugar tibio.
* Cuando haya duplicado su volumen, formar cilindros y cortar porciones de 7 u 8 cm de largo.
* Acomodar los pancitos en placas enmantecadas y dejarlos leudar, pintarlos con huevo y cocinarlos en horno a temperatura alta durante 20 minutos.

Pan inglés o de miga para sandwiches

2 panes

Ingredientes

600 cc de agua
1 cucharada de extracto de malta
25 g de margarina
2 cucharaditas (20 g) de sal
20 g de levadura
1 kilo de harina 0000

▼ Colocar dentro de un recipiente el agua a temperatura ambiente, agregar el extracto de malta y disolver bien. Incorporar la margarina a temperatura ambiente y la sal.

▼ Desmenuzar la levadura en 2 cucharadas de la harina, mezclarla con el resto de harina y agregar la preparación líquida. Formar un bollo y amasarlo sobre una mesa de madera, cubrirlo y dejarlo descansar 30 minutos.

▼ Estirar con palote hasta que quede fino, arrollarlo, presionando bien para que se desgasifique y no resulte con burbujas disparejas.

▼ Dividir en 2 panes, ubicarlos en moldes de pan inglés de 30 x 10 x 10 cm previamente engrasados (tener la precaución de ajustarlos otra vez dentro del molde para que se desgasifiquen por completo).

▼ Cubrirlos y dejar levar nuevamente, cocinar en horno fuerte (240° C) durante 30 minutos. Desmoldarlos, colocarlos de costado y dejarlos reposar sin cubrir dos o tres días antes de cortarlo.

Pan italiano

1 pan grande

Ingredientes

15 g de levadura
200 cc de agua
50 cc de aceite de oliva
1 cucharadita de sal fina
500 g de harina 000

- Diluir la levadura en el agua tibia, agregar el aceite de oliva y la sal fina. Mezclar con cuchara de madera e ir incorporando la harina hasta conseguir un bollo.
- Amasarlo y colocarlo dentro de un bol, cubrirlo y dejarlo levar en lugar templado.
- Desgasificar la masa sobre una mesa bien enharinada y volver a dejar levar. Realizar este procedimiento una vez más, formar la hogaza y colocarla sobre una placa espolvoreada con harina de maíz.
- Dejar levar, efectuarle algunos cortes en la parte superior y pincelar con una mezcla de clara de huevo y agua. Cocinar en horno moderado, con mucho vapor durante 50 minutos.

Pan francés

| 8 flautas |

Ingredientes

275 cc de agua
1 cucharadita (10 g) de sal fina
1 cucharadita de aceite

1 cucharadita de extracto de malta
10 g de levadura de cerveza
500 g de harina 000

▼ Colocar el agua en un bol, disolver en ella la sal fina, el aceite y el extracto de malta.

▼ Aparte, retirar una cucharada de la harina y desmenuzar en ella la levadura a temperatura ambiente, agregar el resto de harina e incorporarla de a poco a la mezcla de agua.

▼ Formar un bollo y amasar durante 10 minutos. Colocarlo sobre la mesa y cubrirlo con un polietileno; dejar reposar 20 minutos.

▼ Retirar porciones de 100 g cada una, formar los panes flauta. Para ello, estirar un trozo de masa en forma rectangular (lo más fino posible) y arrollarlo; cortar 8 porciones y colocarlos sobre una placa apenas engrasada teniendo en cuenta que la unión del rollo de masa quede hacia abajo, de otra manera, pierde la forma durante la cocción (véase dibujo).

▼ Dejar levar cubierto con polietileno. Realizar algunos cortes (véase el corte de panes pág. 19) y cocinar con mucho vapor a 200° C durante 30 minutos.

Notas

• El agua a emplearse debe ser fresca en épocas estivales y templada en las invernales.
• Si la sal no es fina, hay que disolverla bien antes del amasado.
• Puede utilizarse harina de malta en lugar de extracto para favorecer el color de las piezas durante el horneado.
• Para que las flautas conserven aún más su forma, se pueden ubicar dentro de unas placas especiales que ya vienen perforadas y con la forma de la pieza.

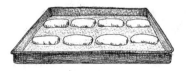

Pan lácteo

| 2 panes |

Ingredientes

40 g de levadura de cerveza
600 cc de agua
40 g de azúcar
50 g de leche entera en polvo
10 g de extracto de malta
1 kilo de harina 0000
1/2 cucharadita de sal
75 g de manteca

❧ Diluir la levadura en el agua tibia con el azúcar, la leche entera y el extracto de malta.

❧ Aparte, cernir la harina con la sal, agregar la manteca a temperatura ambiente y el agua con la levadura.

❧ Tomar la masa y sobarla muy bien, debe obtenerse un bollo tierno pero que no se pegue en las manos, dejarlo leudar en un bol enmantecado tapado en lugar tibio.

❧ Cuando haya aumentado el doble de su volumen dividirlo en dos partes, volverlas a amasar, estirarlas con las manos dándoles forma rectangular, luego arrollarlas y acomodar en dos moldes de 25 cm de largo por 8 cm de ancho.

❧ Dejar puntear los panes, por último pincelarlos con huevo y cocinar en horno más bien caliente (180° C) durante 35 a 40 minutos. Se puede omitir el pincelado con huevo y al retirar los panes del horno abrillantarlos con una cocción de 250 cc de agua y 25 g de fécula de maíz.

Nota

• Se puede reemplazar la leche en polvo por 600 cc de leche de vaca.

Pan Natalia con páprika

| 2 panes |

Ingredientes

500 g de harina 000
2 cucharaditas de sal
2 cucharaditas de páprika
2 cucharaditas de azúcar
30 g de levadura
200 cc de leche tibia
120 g de papas cocidas y pisadas
1 huevo
50 de manteca

▼ Cernir la harina con la sal y la páprika.

▼ Mezclar el azúcar con la levadura y la leche tibia, dejar espumar y agregar a la harina.

▼ Incorporar el puré de papa, el huevo y la manteca a temperatura ambiente.

▼ Unir los ingredientes y amasarlos hasta obtener una masa flexible que no se pegue en las manos.

▼ Colocar la masa en un bol aceitado, tapado, en lugar tibio. Dejar puntear hasta que duplique su volumen.

▼ Volver a amasar para desgasificar la masa, dividirla en dos partes y dar forma de panes alargados.

▼ Pincelarlos con huevo batido, realizar en la parte superior un corte longitudinal y cocinarlos en horno caliente con vapor durante 30 minutos.

Panes integrales

Pan con centeno

2 panes

Ingredientes

30 g de levadura
600 cc de agua
20 g de sal
35 g de azúcar
1 cucharadita de extracto de malta
80 g de margarina
1 cucharada de azúcar negra
700 g de harina 000
300 g de centeno

▼ En un recipiente disolver la levadura en 100 cc de agua tibia y agregar la sal, el azúcar, el extracto de malta diluido en el resto de agua, la margarina blanda y el azúcar negra.

▼ Mezclar con cuchara de madera e ir incorporando de a poco la harina 000 y el centeno, formar un bollo, amasarlo bien y cubrir con un polietileno; dejar reposar 30 minutos.

▼ Dividir la masa en dos partes, acomodarlas dentro de moldes de budín inglés de aproximadamente 25 cm x 9 cm, enmantecados. Cubrir y dejar puntear, hornear a temperatura moderada durante 45 minutos.

Pan con germen de trigo

3 panes

Ingredientes

250 de harina integral
100 cc de agua caliente
35 g de levadura
1 cucharada de azúcar
150 cc de leche tibia
1 cucharada de aceite
50 g de margarina
400 g de harina 000
1 cucharadita de sal
2 cucharadas de germen de trigo
1 cucharada de manteca

- Remojar la harina integral en el agua caliente y dejar enfriar.
- Agregar la levadura diluida con la leche tibia y el azúcar, incorporar el aceite y la margarina blanda.
- Agregar de a poco la harina cernida con la sal, formar un bollo, amasar hasta obtener una textura homogénea, dejar levar tapado.
- Derretir la manteca en una sartén y saltear el germen de trigo. Una vez levada la masa, incorporar el germen de trigo, amasar y dejar levar una vez más.
- Cortar piezas de 300 g y bollar. Colocar sobre una placa engrasada, dejar levar, pincelar con huevo batido y cocinar en horno caliente durante 20 minutos.

Pan con harina integral

Ingredientes

50 g de levadura
600 cc de agua
20 g de sal
50 g de azúcar
1 cucharadita de extracto de malta
65 g de margarina
1 cucharada de azúcar negra
400 g de harina integral
600 g de harina 000

▼ Colocar la levadura en un bol y disolverla con 150 cc de agua tibia.
▼ Añadir la sal, el azúcar, el extracto de malta, la margarina blanda y el azúcar negra.
▼ Agregar el resto de agua tibia y las harinas. Formar un bollo y sobarlo bien; cubrirlo y dejarlo reposar 20 minutos.
▼ Dividir la masa en dos partes y bollar. Colocar sobre placas engrasadas, dejar levar.
▼ Realizar cortes en su superficie formando un cuadriculado y espolvorear con harina integral. Hornear a 200° C durante 30 minutos con vapor.

Pan con soja

2 panes

Ingredientes

1 kilo de harina 000
150 g de harina de centeno
200 g de harina de soja
30 g de sal
50 g de margarina
50 g de levadura
600 cc de agua

- Mezclar las harinas con la sal, hacer un hueco y colocar la margarina blanda y la levadura disuelta en 100 cc de agua.
- Amasar integrando los ingredientes con el agua restante, formar un bollo y sobarlo. Cubrir y dejar reposar 30 minutos.
- Formar dos panes, ubicarlos sobre placas engrasadas y dejar puntear.
- Realizar dos cortes en la parte superior y hornear a temperatura fuerte durante 30 minutos con vapor.

Pan de avena

| 2 panes |

Ingredientes

50 g de levadura
500 cc de agua
50 g de azúcar
20 g de sal
1 cucharadita de extracto de malta
40 g de margarina
750 g de harina 000
250 g de avena molida gruesa

- Colocar la levadura en un recipiente, añadir el agua junto con el azúcar, la sal, el extracto de malta y la margarina blanda, integrar bien los ingredientes con cuchara de madera e ir incorporando de a poco la harina y la avena.
- Formar una masa suave, cubrir y dejar reposar 30 minutos.
- Cortar en dos partes, darles forma de panes alargados y colocarlos sobre placas engrasadas.
- Dejar puntear y hornear a 200° C, con abundante vapor, durante 30 minutos.

Pan de gluten

| 1 pan grande |

Ingredientes

200 g de harina de gluten
600 g de harina de trigo 000
20 g de levadura
500 cc de agua
1/2 cucharadita de sal

- Mezclar bien las dos harinas, diluir la levadura en el agua, agregar a las harinas, espolvorear con la sal y amasar bien. Dejar leudar tapado en lugar tibio hasta que duplique su volumen.
- Dar forma de pan redondo o alargado, acomodar sobre una placa, realizar en la superficie 3 cortes transversales.
- Dejar leudar, pincelar con agua y cocinar en horno caliente con vapor 25 a 30 minutos.
- Al retirarlo del horno volverlo a pincelar con agua.

Pan de Graham

Ingredientes

500 g de harina 000
500 g de harina de Graham
50 g de levadura
600 cc de agua
20 g de sal
1 cucharadita de extracto de malta
1 cucharada de aceite neutro

▼ Colocar dentro de un bol las dos harinas. Hacer un hueco y poner allí la levadura disuelta en 100 cc de agua tibia, la sal, el extracto de malta y el aceite.

▼ Agregar el resto de agua y formar un bollo de regular consistencia. Amasar y dejar descansar 1 hora.

▼ Dividir en 3 partes y colocar dentro de moldes de budín inglés enmantecados y dejar levar hasta que lleguen al borde.

▼ Cocinar en horno moderado con vapor durante 45 minutos.

▼ Una vez cocidos, pincelar la superficie con aceite y agua.

Pan de payés integral

Ingredientes

FERMENTO
150 g de harina de centeno
175 cc de agua tibia
50 g de levadura
1 cucharadita de azúcar

MASA
300 g de harina de centeno
300 g de harina 000
2 cucharaditas de sal
1/2 cucharadita de pimienta negra
1/4 de cucharadita de comino
1 cucharada de aceite
200 cc de leche tibia

- ❦ Colocar la harina de centeno en un bol, diluir en el agua tibia la levadura y el azúcar. Dejar fermentar tapado en lugar tibio.
- ❦ Mezclar las dos harinas con la sal, la pimienta, el comino y el aceite, agregar el fermento y la leche tibia, tomar la masa y amasar bien.
- ❦ Colocar en un bol aceitado tapado en lugar tibio. Cuando la masa haya aumentado el doble de su volumen, amasarla nuevamente para desgasificarla.
- ❦ Formar una hogaza alargada y colocarla sobre una placa enmantecada, espolvorear con harina, taparla con un paño y dejarla puntear en lugar tibio hasta que aumente su volumen al doble.
- ❦ Cocinar en horno más bien caliente (210° a 220° C) con mucha humedad, durante 50 minutos.

Pan de salvado Micaela

2 docenas

Ingredientes

35 g de levadura
600 cc de agua
20 g de sal
50 g de azúcar
1 cucharadita de extracto de malta
1 cucharada de azúcar negra
85 g de margarina
750 g de harina 000
250 g de salvado de trigo

❦ Diluir la levadura en 100 cc de agua tibia, agregar la sal, el azúcar, el extracto de malta, el azúcar negra y la margarina blanda.

❦ Añadir las harinas intercalando con el resto de agua tibia, formar un bollo y amasarlo 10 minutos.

❦ Colocarlo dentro un bol enmantecado y dejar levar en lugar tibio.

❦ Retirar porciones del tamaño deseado y bollar. Colocar sobre placas engrasadas y dejar puntear, hornear a 200ºC con vapor durante 30 minutos. Una vez cocidos, pincelar con agua o chuño (véase pág. 20).

Nota

• También se puede dividir la masa en cuatro porciones, darles forma de cilindro, unirlos de a dos por los extremos y torcerlos.

Pan integral con frutas secas

1 pan grande

Ingredientes

25 g de levadura
250 cc de agua
1/2 cucharadita de sal
50 g de azúcar
1 cucharadita de extracto de malta
25 g de margarina
1 cucharadita de azúcar negra
200 g de harina integral
250 g de harina 000

VARIOS

250 g de ciruelas secas, orejones, nueces, pasas de uva

❦ Diluir la levadura con el agua, dejar espumar y agregar la sal, el azúcar, el extracto, la margarina, el azúcar negra y las harinas, tomar la masa y amasar bien, cubrir y dejar levar.

❦ Picar las ciruelas, orejones y nueces, agregar las pasas.

❦ Desgasificar la masa, extenderla ligeramente con la mano, colocar la fruta y amasar bien para distribuirla.

❦ Darle forma de pan y acomodarlo sobre placa o molde de pan enmantecado.

❦ Dejar puntear hasta que duplique su volumen y cocinar en horno moderado 200° C, con vapor, durante 30 minutos.

Pan integral con ricota

| 2 panes |

Ingredientes

35 g de levadura
500 cc de agua
1 cucharada de aceite
500 g de ricota
600 g de harina integral
400 g de harina 000
1 cucharadita de sal

- Disolver la levadura en el agua, agregar el aceite y la ricota sin el suero (para quitarlo filtrarlo a través de un lienzo).
- Mezclar las harinas con la sal y agregar a la preparación anterior. Formar un bollo y amasarlo hasta que resulte homogéneo, cubrir y dejar levar.
- Dividir la masa en 2 partes y ubicarlas en 2 moldes medianos para budín inglés enmantecados.
- Dejar levar hasta el borde y cocinar en horno moderado durante 50 minutos.

Pan ruso al comino

| 1 pan grande |

Ingredientes

600 g de harina de centeno
1 cucharadita de sal
1 cucharada de azúcar
3 cucharadas de comino en grano
1 cucharada de ralladura de piel de naranja
40 g de levadura
350 cc de agua tibia
2 cucharadas de aceite

- Mezclar la harina de centeno con la sal, el azúcar, 1 cucharada de granos de comino y la ralladura.
- Desmenuzar la levadura con 2 cucharadas de la mezcla de harina y agregarlas a la preparación.
- Incorporar el agua y tomar la masa, amasar bien, dejar leudar, agregar el aceite e integrar bien.
- Dejar leudar nuevamente y dar forma de hogaza alargada, pincelar con agua y espolvorear en forma pareja con el resto de semillas, colocar sobre placa enmantecada, dejar leudar y cocinar en horno moderado durante 40 minutos.

Nota

- Este pan resulta con miga consistente pues en su composición no hay harina de trigo. Ésta es una característica de los panes integrales europeos.

Pan vienés integral

| 1 docena |

Ingredientes

30 g de levadura
40 g de azúcar
200 cc de leche tibia
200 cc de agua tibia
60 g de manteca
250 g de harina integral
100 g de centeno
150 g de harina 000
20 g de sal

- Colocar en un bol la levadura desgranada; agregar el azúcar, la leche, el agua, la manteca blanda y de a poco las harinas cernidas con la sal. Mezclar una cuchara de madera, desde el centro hacia los bordes, formando un bollo.
- Amasar hasta que resulte suave, cubrir y dejar levar.
- Desgasificar sobre la mesa enharinada, tomar porciones de 80 g y bollarlas. Cubrir y dejar reposar 10 minutos.
- Dar a los bollitos forma alargada y ubicarlos sobre placas enmantecadas. Cubrir y dejar levar.
- Hornear a temperatura moderada durante 25 minutos, con vapor. Una vez cocidos, pincelar con agua o chuño (véase pág. 20).

Pancitos integrales de remolacha

15 pancitos

Ingredientes

FERMENTO	MASA
35 g de levadura	350 g de harina integral
50 cc de agua tibia	150 g de centeno
1 cucharadita de azúcar	1/2 cucharadita de sal
	250 cc de agua tibia
	2 cucharadas de aceite de maíz
	1 cucharada de miel
	100 g de remolacha

❦ Disolver la levadura en el agua tibia; agregar el azúcar, cubrir y dejar espumar en lugar tibio.

❦ Mezclar en un bol la harina integral, el centeno y la sal. Añadir el fermento, el agua tibia, el aceite de maíz y la miel.

❦ Unir de a poco todos los ingredientes con cuchara de madera y agregar por último la remolacha cruda y rallada fina.

❦ Formar un bollo, amasar hasta que resulte suave, cubrir y dejar levar.

❦ Desgasificar la masa y tomar porciones de 50 g. Bollar y ubicar sobre placas aceitadas. Cubrir y dejar levar.

❦ Hornear a temperatura moderada por espacio de 20 minutos.

❦ Una vez cocidos, pintar con chuño (véase pág. 20).

Pancitos Luciana en maceta

| 15 pancitos |

Ingredientes

250 g de harina de centeno
250 g de harina 000
1 cucharadita de sal
1/2 cucharada de azúcar
cantidad necesaria de pimienta negra, coriandro y cardamomo
35 g de levadura
250 cc de agua
50 g de manteca

- Mezclar las dos harinas con la sal, el azúcar, un toque de pimienta molida, de coriandro y de cardamomo, agregar la levadura diluida en el agua tibia.
- Tomar la masa y añadir la manteca a temperatura ambiente, amasar bien y colocar en un bol enmantecado o dentro de una bolsa de plástico tapado en lugar tibio.
- Cuando haya aumentado el doble de su volumen, dividir en trozos de 50 a 60 g y darles forma de conos, distribuirlos dentro de macetas de terracota enmantecadas.
- Cubrir con un plástico liviano y dejar leudar hasta que la masa desborde la maceta. Pincelar con manteca fundida y cocinar en horno caliente durante 25 minutos.
- Servir en las mismas macetas y acompañar con mermeladas y miel o fiambres y quesos.

Nota

• Se puede hacer un solo pan utilizando una maceta grande, en ese caso cocinar en horno de moderado a caliente 45 a 50 minutos.

Scones de Graham

Ingredientes

30 g de levadura
250 g de harina 000
250 g de harina de Graham
1 cucharadita de sal
2 cucharadas de azúcar
100 cc de leche tibia
100 g de yogur de vainilla
3 yemas
200 g de ciruelas pasas

- Desgranar la levadura sobre las harinas de trigo y Graham. Espolvorear con la sal y el azúcar. Hacer un hueco y verter allí la leche tibia, el yogur y las yemas.
- Tomar la masa, amasado bien. Cubrir con lienzo y dejar leudar en lugar tibio.
- Amasar nuevamente y estirarla hasta que alcance un espesor de 1 cm.
- Cortar círculos con cortapastas de 4 cm de diámetro. Colocar en el centro trocitos de ciruelas, pintar alrededor con agua y cubrir con otro círculo, presionado los bordes para pegar bien y evitar que salga el relleno durante la cocción.
- Acomodar las piezas sobre placa enmantecada, cubrir y dejar levar. Pintar con huevo batido y cocinar a 200° C por espacio de 15 minutos.

Nota

- Las ciruelas se pueden reemplazar por dulce de membrillo o de batata.

Trenza de salvado y cebolla

3 panes

Ingredientes

50 g de levadura
500 cc de agua
1 cucharadita de azúcar
100 g de margarina
2 cebollas
1 cucharadita de jengibre molido
700 g de harina 000
300 g de salvado
20 g de sal

▼ Disolver la levadura en 100 cc de agua tibia; añadir el azúcar y dejar espumar.

▼ Agregar, siempre batiendo con cuchara de madera, la margarina blanda, las cebollas previamente rehogadas y bien escurridas, y el resto de agua tibia.

▼ Mezclar el jengibre con la harina, el salvado y la sal. Ir agregando de a poco a la preparación anterior hasta formar una masa.

▼ Volcar sobre la mesa apenas enharinada y amasar hasta que resulte suave. Cubrir y dejar levar.

▼ Dividir la masa en 9 bollos, formar cilindros y unirlos de a 3 para realizar las trenzas.

▼ Ubicar sobre placas untadas con margarina, cubrir y dejar levar hasta que dupliquen su volumen. Pintar con clara batida y espolvorear con semillas de kummel (optativas).

▼ Hornear a temperatura moderada por espacio de 30 minutos.

Panes especiales

Baguette rellena

Ingredientes

MASA
35 g de levadura
1 kilo de harina 000
600 cc de agua tibia
40 g de leche en polvo
20 g de sal
35 g de margarina
150 g de queso rallado

RELLENO
150 g de jamón cocido
o panceta ahumada
200 g de queso fontina rallado

- Desgranar la levadura sobre la harina. Hacer un hueco y verter allí el agua tibia, la leche en polvo, la sal, la margarina blanda y el queso rallado.
- Mezclar estos ingredientes y agregar de a poco la harina de los costados. Formar un bollo, amasar hasta que resulte suave y elástico.
- Dividir la masa en 8 partes y bollar. Cubrir y dejar descansar sobre la mesa hasta que dupliquen su volumen.
- Picar el jamón cocido o la panceta junto con el queso fontina.
- Estirar los bollos en forma alargada, y ubicar en el centro, a lo largo, un poco de relleno. Enrollar la masa y formar la *baguette*.
- Colocar sobre placas previamente enmantecadas. Cubrir y dejar levar. Efectuar cortes con hojita de afeitar y humedecer apenas la superficie.
- Cocinar en horno moderado con vapor por espacio de 25 minutos.
- Una vez cocidas, pincelar con manteca derretida o aceite neutro.

Brioche gigante para sandwiches

| I pan grande |

Ingredientes

MASA DE BRIOCHE
véase pág. 136

VARIOS
Mayonesa, queso blanco, jamón cocido y crudo, queso de máquina, tomate, nueces, berro o lechuga, huevos duros, morrones, etc.

- Preparar la masa con los ingredientes y procedimiento de la receta de *brioche*, una vez levado, acomodarlo dentro de un molde redondo enmantecado de 26 cm de diámetro, ajustarlo con las manos y dejarlo leudar.
- Cocinar en horno moderado durante 45 minutos, desmoldar y dejar reposar (con preferencia 2 días).
- Pasado ese tiempo, retirar la tapa superior y ahuecarlo teniendo la precaución de retirar toda la miga entera. Cortarla en capas de 1 cm de espesor. Untar una capa con mayonesa y cubrir con jamón y tomates, colocar encima otra capa de *brioche* y colocar ingredientes hasta formar un sandwich gigante.
- Cortar luego en porciones de la forma y tamaño deseado y volverlos a colocar bien juntos uno del otro dentro de la corteza reservada del *brioche*, cubrir con la tapa.

Nota

- El armado de sandwiches con la masa de *brioche* es similar al de los sandwiches triples que se realizan con pan de miga.

Chipá

30 pancitos

Ingredientes

250 g de queso provolone o sardo
250 g de queso Mar del Plata
2 huevos
50 g de manteca o margarina
500 g de harina de mandioca
1 cucharadita de sal
cantidad necesaria de leche

▼ Rallar grueso ambos quesos y colocarlos dentro de un bol.

▼ Agregar los huevos, la manteca o margarina derretida fría y la harina de mandioca con la sal. Integrar los ingredientes con la mano hasta obtener una mezcla granulosa.

▼ Verter de a poco leche a temperatura ambiente hasta formar un bollo de regular consistencia; amasar 5 minutos, cubrir y dejar reposar 15 minutos.

▼ Cortar porciones de 35 g y bollarlas, colocar sobre placa enmantecada y hornear a temperatura fuerte durante 15 minutos o hasta que los bollos tomen un color dorado suave.

Nota

• Se puede reemplazar la manteca o margarina por grasa y la leche por jugo de naranja.

Focaccia

1 pan

Ingredientes

20 g de levadura
175 cc de agua tibia
4 cucharadas de aceite de oliva
20 g de manteca
300 g de harina
1 cucharadita de sal
3 dientes de ajo
1 cucharada de ají molido

- ❦ Diluir la levadura en agua tibia, dejarla espumar y agregar la mitad del aceite, la manteca, la harina con la sal, amasar muy bien y dejar leudar en lugar tibio.
- ❦ Estirarla hasta que tenga 1 cm de espesor, acomodarla en una pizzera aceitada, pincelarla con el resto del aceite y espolvorear con los dientes de ajo picados y el ají molido.
- ❦ Pinchar la masa y cocinar en horno caliente durante 20 minutos.

Nota

- Transcurridos dos días cortarla en rebanadas, frotarlas con ajo, pincelarlas con aceite de oliva en ambos lados y tostarlas.
- Servir como entrada o aperitivo con rodajas de tomate en conserva y decoradas con hojitas de albahaca.

Pan *brioche* de nuez para sandwiches

| 1 pan |

Ingredientes

30 g de levadura de cerveza
60 g de azúcar
150 cc de leche tibia
75 g de manteca
2 huevos
400 g de harina blanca
100 g de harina de centeno
100 g de nueces molidas
1 cucharadita de sal
1/4 de cucharadita de nuez moscada
una pizca de pimienta de Cayena

- Diluir la levadura con el azúcar y le leche, dejar espumar y agregar la manteca a temperatura ambiente, los huevos y las dos harinas mezcladas con las nueces, la sal, la nuez moscada y la pimienta de Cayena.
- Tomar la masa, amasar bien y dejar levar tapado en lugar tibio.
- Desgasificar, dar forma de pan alargado y colocar sobre una placa enmantecada. Cubrir, dejar levar.
- Cocinar en horno caliente (220° C) durante 30 minutos, dejar enfriar, colocar dentro de una bolsa plástica y dejar descansar 48 horas.
- Para armarlo cortar los extremos del pan, luego cortar la miga en bloque a lo largo, dejando la corteza de la base.
- Cortar la miga en rodajas finas y conservando el orden armar los sandwiches untando el pan con mayonesa o queso blanco intercalando rodajas de jamón cocido o crudo, queso de máquina, huevos duros, tomate, *pickles*, lechuga, berros, etc. Acomodar los sandwiches sobre la corteza reservada (véase foto).

Pan con cantimpalo

30 pancitos

Ingredientes

30 g de levadura
550 g de agua
20 g de sal gruesa
100 g de grasa de pella
1 kilo de harina 000
150 g de cantimpalo

- Diluir la levadura en 100 cc de agua.
- Preparar una salmuera con el resto de agua y la sal gruesa, añadirla a la levadura junto con la grasa blanda.
- Mezclar e incorporar de a poco la harina, añadir el cantimpalo cortado en trozos pequeños, formar un bollo, amasar y ubicar dentro de un bol. Dejar levar cubierto con un lienzo.
- Tomar porciones de 50 g y formar panes alargados. Colocar sobre una placa engrasada. Cubrir y dejar puntear.
- Espolvorear las piezas con harina y hornear a temperatura moderada durante 20 minutos, con vapor.

Pan con sidra

3 panes

Ingredientes

100 g de harina de centeno
100 g de harina integral
500 g de harina 000
30 g de levadura
250 cc de agua
200 cc de sidra
1 cucharadita de sal

- Cernir las harinas dentro un bol.
- Hacer un hueco y colocar la levadura disuelta en el agua, agregar la sidra y espolvorear con la sal, integrar bien los ingredientes y formar un bollo.
- Amasar hasta que resulte liso, colocarlo dentro de un bol enharinado y dejar levar.
- Desgasificar, dividir la masa en 3 partes y darles forma de panes alargados. Ubicar las piezas sobre placas enmantecadas y dejar puntear.
- Realizar 3 cortes en la parte superior y espolvorear con harina. Hornear a temperatura moderada durante 30 minutos, con vapor.

Pan con tomillo

8 panes

Ingredientes

30 g de levadura
500 cc de agua
20 g de azúcar
25 g de manteca
50 cc de aceite de oliva
35 g de tomillo
1 kilo de harina 000
20 g de sal

- Disolver en 100 cc de agua tibia la levadura desgranada; añadir el azúcar y dejar espumar tapada con un polietileno.
- Agregar luego la manteca blanda, el aceite de oliva, y el tomillo. Mezclar con cuchara de madera y agregar de a poco la harina cernida con la sal.
- Unir los ingredientes hasta obtener un bollo. Amasar para que resulte liso y suave. Cubrir y dejar levar.
- Cortar piezas de 200 g y darles forma de pan ovalado. Ubicar sobre placas apenas aceitadas, cubrir y dejar levar al doble de su volumen.
- Realizar 3 cortes a lo largo, preferentemente con hojita de afeitar.
- Espolvorear la superficie con harina y hornear a 200° C, con vapor, por espacio de 30 minutos.

Pan de algas

Ingredientes

25 g de levadura
300 cc de agua
1 cucharada de aceite
1 cucharadita de sal
2 cucharadas de algas tostadas
150 g de harina integral
350 g de harina 000

- Disolver la levadura en el agua, agregar el aceite, la sal y las algas. Mezclar con cuchara de madera e ir añadiendo de a poco las harinas.
- Formar un bollo, amasarlo y cubrir con un polietileno, dejar reposar 20 minutos.
- Enmantecar un molde redondo y colocar la masa en forma de bollo, cubrir y dejar levar.
- Cocinar a temperatura moderada durante 45 minutos.

Pan de arroz

Ingredientes

750 g de harina 000
1 cucharadita de sal
30 g de levadura
200 cc de agua
200 g de arroz con leche
(véase nota la pie)

- Cernir la harina con la sal dentro de un bol. Desmenuzar la levadura sobre la harina, hacer un hueco, agregar el agua y el arroz con leche tibio.
- Formar un bollo y amasar hasta que resulte liso, cubrir y dejar levar.
- Dividir la masa en dos partes, ubicarlas dentro de moldes de 20 cm, dejar puntear.
- Pincelar con huevo batido y hornear a temperatura moderada durante 30 minutos, con vapor.

Nota
- Para preparar el arroz con leche cocinar un pocillo de café de arroz en 250 cc de leche hasta que esté tierno y haya absorbido toda la leche. Cinco minutos antes de que se complete la cocción agregar 50 g de azúcar y revolver.

Pan de cebada

4 panes

Ingredientes

30 g de levadura
500 g de harina 000
500 g de cebada
600 cc de agua
20 g de sal
1 cucharada de aceite

- Desgranar la levadura en un bol. Mezclar las harinas y espolvorear con la levadura, hacer un hueco y colocar allí el agua a temperatura ambiente, la sal y el aceite.
- Unir los ingredientes hasta formar una masa. Sobar hasta que resulte homogénea.
- Formar un bollo y cubrirlo con polietileno, dejar reposar 30 minutos.
- Dividir la masa en cuatro partes, bollar cada una de ellas y cubrir, dejar reposar 10 minutos.
- Dar a los panes forma alargada y ubicarlos sobre placas apenas engrasadas. Dejar puntear en lugar tibio, realizar algunos cortes sobre la superficie y cocinar en horno fuerte, con vapor, durante 30 minutos.

Pan de cebolla y orégano

| 1 pan

Ingredientes

1 cebolla mediana
1 cucharadita de azúcar
175 cc de leche o agua tibia
30 g de levadura
1 cucharada de aceite de oliva
40 g de manteca
500 g de harina 000
1 cucharadita de sal
1 cucharada de orégano

▼ Pelar y cortar en rodajas la cebolla, procesarla junto con el azúcar, la leche o agua y la levadura, dejar fermentar.

▼ Mezclar con el aceite, la manteca a temperatura ambiente y la harina cernida con la sal, amasar y agregar la mitad del orégano. Colocar en un bol enmantecado tapado y dejar leudar.

▼ Cuando haya aumentado el doble de su volumen, desgasificar y darle forma de cilindro.

▼ Colocar dentro de un molde de pan de 26 cm de largo y dejar leudar.

▼ Pincelar con leche, espolvorear con el resto de orégano y cocinar en horno caliente 30 a 35 minutos.

Pan de pimentón

| 2 panes |

Ingredientes

500 g de harina 000
10 g de sal
15 g de levadura
225 cc de agua
1/2 cucharada de manteca
1/2 cucharadita de pimentón

▼ Cernir la harina con la sal dentro de un bol. Disolver la levadura en 100 cc de agua tibia, agregar a la harina junto con la manteca blanda.

▼ Diluir el pimentón en el resto de agua a temperatura ambiente e ir agregando de a poco a la mezcla anterior.

▼ Formar un bollo, amasarlo hasta que resulte suave, cubrir y dejar reposar 20 minutos.

▼ Cortar trozos de 40 g y bollar, cubrir y dejar reposar 10 minutos.

▼ Volver a bollar para que conserve la forma en el horno y ubicar las piezas sobre placas engrasadas. Dejar puntear, realizar un corte a lo largo del pan y espolvorear apenas con harina.

▼ Cocinar en horno de temperatura fuerte durante 30 minutos, con vapor.

Nota

• Cuidar el tiempo de cocción; si se prolonga se secan demasiado.

Pan del Mediterráneo

2 panes

Ingredientes

500 g de harina 000
1 cucharadita de sal
30 g de levadura de cerveza
200 cc de agua tibia
1 cucharadita de azúcar
20 g de manteca
cantidad necesaria de aceite de oliva
orégano, salvia, romero a gusto

▼ Cernir la harina con la sal.
▼ Aparte diluir la levadura con el agua tibia y el azúcar, dejar espumar y mezclar con la harina, agregar la manteca y 2 cucharadas de aceite, tomar la masa y dejar leudar en lugar tibio.
▼ Cortar porciones, darles forma aplanada dentro de tarteras de 26 cm de diámetro, hacer pocitos en la masa e introducir allí trocitos de hierbas.
▼ Pincelar con aceite de oliva, dejar leudar y cocinar en horno caliente durante 20 minutos.

Pan especial de ajíes

| I pan grande |

Ingredientes

FERMENTO
30 g de levadura
100 cc de agua
I cucharadita de azúcar
50 g de harina 000

MASA
500 g de harina 000

I cucharadita de sal
70 g de margarina
1/2 ají verde
1/2 ají rojo
I cucharada de albahaca
50 g de aceitunas negras
150 cc de agua tibia

▼ Disolver la levadura en el agua tibia. Agregar el azúcar y la harina. Mezclar y dejar fermentar cubierta con polietileno en lugar templado.

▼ Colocar en un bol la harina, espolvorear con la sal y hacer un hueco. Ubicar allí la margarina, los ajíes previamente picados y salteados en aceite, la albahaca triturada y las aceitunas picadas.

▼ Incorporar el fermento y tomar la masa con el agua tibia. Formar un bollo y amasarlo hasta que resulte suave y no se pegue en la mesa. Cubrir y dejar levar al doble de su volumen.

▼ Enmantecar un molde grande para budín inglés y ubicar en él la masa previamente desgasificada. Cubrir y dejar levar hasta el borde. Cocinar en horno caliente durante 30 minutos. Una vez cocido, pincelar la superficie con margarina derretida.

Nota

• En lo posible consumirlo después de transcurridas 24 horas.

Pancitos con aceitunas

Ingredientes

30 g de levadura
550 cc de agua
1 cucharada de aceite de oliva
20 g de sal
1 kilo de harina 000
150 g de aceitunas verdes y/o negras

▼ Diluir la levadura en el agua, agregar el aceite de oliva y la sal. Mezclar con cuchara de madera e ir agregando de a poco la harina.

▼ Antes de formar el bollo, incorporar las aceitunas picadas y proseguir el amasado, sobar, cubrir y dejar levar.

▼ Cortar trozos de 30 a 40 gramos, darles forma alargada, colocarlos sobre placas engrasadas y dejar puntear.

▼ Hornear a temperatura fuerte durante 20 minutos, con vapor.

Pancitos con finas hierbas

4 docenas

Ingredientes

750 g de harina 000
250 g de harina integral
30 g de levadura
600 cc de agua
30 g de leche en polvo
1 cucharada de aceite de oliva
20 g de sal
100 g de perejil
50 g de ciboulette
50 g de mejorana

- Colocar en un recipiente las dos harinas, mezclar y hacer un hueco, ubicar allí la levadura disuelta en 100 cc de agua, la leche en polvo, el aceite, la sal y las hierbas picadas.
- Agregar el resto de agua y formar un bollo, amasar, cubrir y dejar reposar 30 minutos.
- Cortar porciones de 40 g, darles forma de bollitos y ubicarlos sobre placas apenas engrasadas.
- Realizar 2 cortes en su superficie y hornear a 220° C durante 20 minutos con vapor. Una vez cocidos, pincelar con agua.

Pancitos con sésamo

35 pancitos

Ingredientes

FERMENTO
35 g de levadura
1 cucharadita de azúcar
100 cc de agua
150 g de harina 000

MASA
50 g de manteca
1 huevo
1 yema
30 g de leche en polvo
1 kilo de harina 000
350 cc de agua tibia
1 cucharadita (10 g) de sal
100 g de semillas de sésamo

* Diluir la levadura con el azúcar, el agua tibia y la harina, formar un bollo y dejar levar cubierto con un lienzo.
* Agregar la manteca a temperatura ambiente, el huevo, la yema y la leche en polvo, ir agregando de a poco la harina intercalando con el agua y la sal. Amasar hasta obtener una masa suave, cubrir y dejar levar.
* Amasar ligeramente para desgasificar, cortar porciones de 40g y bollar. Colocar sobre placas enmantecadas y dejar levar, pincelar con huevo batido y espolvorear con las semillas de sésamo.
* Cocinar en horno caliente 15 minutos.

Nota
• Se puede reemplazar el sésamo por amapola, *kummel* o sal parrillera.

Pancitos de amapola

20 pancitos

Ingredientes

Fermento
30 g de levadura
50 cc de agua
1 cucharadita de azúcar
100 g de harina 000

Masa
1 kilo de harina 000
20 g de sal
1 cucharadita de extracto de malta
550 cc de agua tibia
50 g de leche en polvo
200 g semillas de amapola

- Disolver la levadura en el agua tibia; agregar el azúcar y de a poco la harina. Formar un bollito, amasarlo, cubrir y dejar levar.
- Cernir en un bol la harina con la sal. Hacer un hueco y colocar allí el extracto de malta, el agua tibia, la leche en polvo y las semillas de amapola.
- Incorporar el bollito de levadura y mezclar con cuchara de madera. Formar un bollo, amasar hasta que resulte suave y liso, cubrir y dejar levar hasta que duplique su volumen.
- Dividir la masa en 20 porciones y bollar. Ubicar sobre placas enmantecadas, dejando una distancia de 2 cm entre cada uno. Cubrir y dejar levar.
- Pintar con huevo batido mezclado con 2 cucharadas de leche y hornear a temperatura moderada, con vapor, por espacio de 25 minutos.
- Una vez cocidos, pincelar con manteca derretida.

Pancitos Ezequiel de vegetales

35 pancitos

Ingredientes

50 g de levadura de cerveza
50 g de azúcar
1 cucharada de harina
50 cc de agua
2 huevos
75 g de manteca
250 cc de agua tibia

1 kilo de harina 000
2 cucharaditas de sal

VARIOS
Puré de zanahoria, puré de
espinaca, puré de remolacha

❧ Mezclar la levadura con el azúcar, la harina y el agua, dejar espumar y agregar los huevos, la manteca a temperatura ambiente, el agua tibia y la harina cernida con la sal. Tomar la masa y amasar bien, dividir en 3 porciones.

❧ Para preparar los pancitos de zanahoria cocinar 250 g de zanahorias y formar un puré; agregarlo a uno de los bollos de masa. Amasar bien, incorporar 4 o 5 cucharadas más de harina, dejar leudar, tapado, en lugar tibio.

❧ Para preparar los pancitos de espinaca procesar o picar 1 taza de hojas de espinacas cocidas, bien exprimidas y picadas, agregarlas al segundo bollo de masa. Dejar leudar, tapado en lugar tibio.

❧ Para preparar los pancitos de remolacha cocinar 300 g de remolachas con su cáscara, pelarlas y procesarlas, agregar al bollo de masa restante, dejar leudar tapado.

❧ Para armar los pancitos desgasificar las masas, tomar porciones de 25 a 30 g, darles forma de bollitos y acomodarlos sobre placas enmantecadas con poca luz entre sí. Dejarlos puntear, pincelarlos con huevo y cocinarlos en horno caliente 18 a 20 minutos.

Nota

• También se pueden hacer dos trenzas tricolores formando con cada porción de masa un cilindro largo y trenzándolos. Dividir la trenza en dos partes, cerrar los bordes, dejar puntear sobre una placa enmantecada y cocinar en horno caliente durante 45 minutos.

Pancitos saborizados

| 5 docenas |

Ingredientes

MASA BASE

30 g de levadura
600 cc de agua
20 g de sal
40 g de margarina
1 cucharada de azúcar
1 cucharada de extracto de malta
1 kilo de harina 000

VARIOS

200 g de cebolla picada y cocida
o 200 g de queso rallado
o 100 g de ajo picado
o 10 g de orégano

- Diluir la levadura en 100 cc de agua tibia, añadir la sal, la margarina, el azúcar y el extracto de malta disuelto en el resto de agua.
- Agregar la harina y formar un bollo, amasar y cubrir con polietileno, dejar reposar 30 minutos.
- Extender la masa con las manos y agregar los ingredientes para dar el sabor deseado, amasar y dejar descansar 30 minutos.
- Tomar porciones de 30 g y bollar, ubicarlas sobre placas engrasadas y dejar levar.
- Hornear a 200º C durante 15 a 20 minutos, con vapor.

Pancitos de queso Juan Manuel

30 pancitos

Ingredientes

20 g de levadura
300 cc de leche
1 cucharada de azúcar
20 g de manteca
500 g de harina 000
15 g de sal
150 g de queso rallado grueso

▼ Colocar en un bol la levadura, agregar la leche a temperatura ambiente, el azúcar y la manteca. Añadir la harina cernida con la sal y por último 100 g del queso rallado.

▼ Formar un bollo, amasar y dejar descansar cubierto con polietileno sobre la mesada 20 minutos.

▼ Retirar trozos de 25 g y bollar, colocarlos en una placa enmantecada y dejar levar.

▼ Pincelar con agua, espolvorear con el resto de queso rallado y hornear con vapor a 220° C durante 15 minutos.

Paneras de pan

2 medianas o 1 grande

Ingredientes

15 g de levadura
1 huevo
1 cucharada de azúcar
250 cc de agua
30 g de manteca
500 g de harina 000
1 cucharada de sal

- Diluir la levadura con el huevo y el azúcar, agregar el agua a temperatura ambiente, la manteca y la harina con la sal.
- Tomar la masa, amasar y dejarla descansar tapada sobre la mesada 10 minutos.
- Forrar la parte exterior del molde elegido con papel metalizado.
- Estirar la masa no muy fina y acomodarla sobre la parte externa (forrada) del molde prolijar el contorno con un cordón preparado con la misma masa.
- Pincelar todo con huevo y, si se desea, cortar con cortapasta flores o rombos de masa y adherirlas al cesto.
- Para la manija, dar forma curva a un alambre fino y envolverlo con masa. Apoyar el molde y la manija sobre una placa de horno y cocinar a temperatura moderada hasta que la masa esté bien seca y dorada.
- Dejar enfriar, retirar con cuidado la masa del molde y dejar el papel metalizado en su interior ya que preserva la masa de los elementos con los que se puede rellenar.

Nota

- Si se desea hacerlas caladas estirar la masa fina, pasar un rodillo especial para cortar con el motivo del panal de abejas, abrir la masa con los dedos teniendo cuidado de no romperla y cubrir el molde forrado. Preparar un cordón, torcerlo y rodear con él los bordes superior e inferior. Pincelar con huevo y cocinar según lo indicado.

Pizzonda (pan de panceta, jamón y queso)

8 porciones

Ingredientes

25 g de levadura de cerveza
150 cc de agua tibia
1 cucharadita de azúcar
30 g de manteca
1 huevo
375 g de harina 0000
1 cucharadita de sal
1/4 de cucharadita de pimienta
200 g de panceta ahumada
150 g de jamón cocido
1 taza desayuno de queso parmesano rallado

▼ Diluir la levadura en el agua tibia con el azúcar, dejar espumar y agregar la manteca, el huevo y la harina cernida con la sal y la pimienta, amasar muy bien y dejar leudar tapado en lugar tibio.

▼ Cuando haya aumentado el doble de su volumen, estirar la masa dándole forma rectangular, cubrirla con la panceta, y el jamón picado y el queso rallado, arrollar y retorcer los extremos hacia un lado y hacia el otro formando un cordón.

▼ Por último enrollar dando forma de ensaimada, acomodar sobre placa enmantecada, dejar levar tapada en lugar tibio, pincelar con huevo y aceite de oliva.

▼ Cocinar en horno moderado (200° C) durante 40 minutos.

Nota

• La *pizzonda* fue la primera receta que realicé en el programa *Buenas tardes mucho gusto* en el año 1964.

Pretzels

8 piezas

Ingredientes

FERMENTO
20 g de levadura
150 cc de agua
1 cucharadita de azúcar
200 g de harina 000

MASA
400 g de harina 000
1 cucharadita de azúcar
1/2 cucharadita de sal
1 cucharada de aceite
150 cc de agua

▼ Diluir la levadura en el agua, agregar el azúcar, la harina, mezclar y dejar fermentar cubierto con polietileno.

▼ Colocar la harina en un bol en forma de corona, ubicar en el centro el fermento, el azúcar, la sal, el aceite y el agua, formar un bollo.

▼ Amasar, cubrir y dejar reposar 30 minutos.

▼ Cortar piezas de 100 g y estirarlas dejando las puntas más finas que el centro, cruzar los dos extremos y unirlos en el interior (véase dibujo). Colocar sobre placas enmantecadas y dejar levar.

▼ Pintar con huevo batido y adherir granos de sal gruesa, cocinar a temperatura moderada 20 minutos.

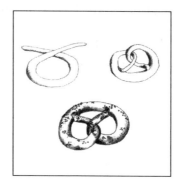

Pretzalej de cebolla

Ingredientes

35 g de levadura
1 kilo de harina 000
20 g de sal
70 g de manteca
550 cc de agua
1 cebolla
1 cucharada de aceite
100 g de semillas de amapola

- Desmenuzar la levadura dentro de la harina, agregar la sal, la manteca blanda y el agua. Formar un bollo y amasarlo hasta que resulte suave, cubrir y dejar reposar 20 minutos.
- Cortar trozos de 40 g y bollar, volver a dejar descansar 30 minutos.
- Estirar los bollos con la brilla (véase pág. 28), dejando la masa de 1 cm de espesor. Colocar sobre placas enmantecadas y dejar levar.
- Cortar la cebolla en aros y agregar el aceite, distribuir sobre la superficie de la masa y espolvorear con las semillas de amapola. Hornear a temperatura moderada durante 15 minutos.

Rosetas de queso y mandioca

| 3 docenas |

Ingredientes

30 g de levadura
300 cc de agua
50 g de manteca
15 g de sal
100 g de queso gruyère
300 g de harina 000
300 g de harina de mandioca

▼ Disolver la levadura en el agua tibia; agregar luego la manteca blanda, la sal, y el queso rallado.

▼ Mezclar con cuchara de madera mientras se van agregando de a poco las harinas cernidas.

▼ Formar un bollo, amasar hasta que resulte suave, cubrir con lienzo y dejar levar en lugar templado. Tomar porciones de 50 g y bollarlas.

▼ Formar las rosetas marcando el dibujo con ayuda del molde especial. Colocar sobre placas enmantecadas, cubrir y dejar levar.

▼ Pintar con agua, espolvorear con queso rallado y hornear a 200° C durante 20 minutos.

Torta crocante de maíz

| 1 torta |

Ingredientes

150 g de harina de trigo 0000
100 g de harina de maíz de cocimiento rápido
1 cucharadita de levadura
1/2 cucharadita de sal
3 cucharadas de leche
3 cucharadas de jugo de limón
2 cucharadas de miel
2 cucharadas de aceite
1 huevo

❧ Mezclar las harinas con la levadura, agregar la leche, el jugo de limón, la miel, el aceite y el huevo ligeramente batido y la sal, tomar la masa.

❧ Colocar en pizzera de bordes altos, enmantecada, dejar levar 30 minutos y cocinar en horno caliente durante 20 minutos hasta que la torta esté dorada, dejar reposar 5 minutos, despegar con cuchillo y desmoldar.

❧ Servir con miel.

Trenza aromática

Ingredientes

35 g de levadura
500 cc de agua tibia
70 g de manteca
2 cebollas medianas
I cucharada de orégano
I kilo de harina
20 g de sal
I cucharadita de pimienta
I50 g de queso parmesano

- Desgranar la levadura en un bol y disolverla con el agua tibia.
- Agregar la manteca blanda, las cebollas picadas, rehogadas y escurridas y el orégano. Mezclar con cuchara de madera e ir incorporando de a poco la harina cernida con la sal y la pimienta. Formar un bollo y amasar hasta que resulte suave.
- Poner en un bol y dejar levar en lugar tibio hasta que duplique su volumen.
- Desgasificar sobre la mesa apenas enharinada y dividir en 6 bollos, 3 grandes y tres pequeños.
- Formar dos trenzas; humedecer con agua la más grande y ubicar sobre ésta la más pequeña. Cubrir y dejar levar.
- Pintar con huevo batido mezclado con un poco de leche y espolvorear con el parmesano rallado grueso. Hornear a 200° C durante 40 minutos con vapor.

Galletas y Galletitas

Bizcochitos parisinos

1,500 kilo

Ingredientes

350 cc de agua
4 huevos
85 g de azúcar
25 g de leche en polvo
1 cucharada de ron
1 cucharadita de esencia de limón
100 g de manteca
30 g de levadura
1 kilo de harina 000
15 g de sal

▼ Colocar en un bol el agua a temperatura ambiente, los huevos, el azúcar, la leche en polvo, el ron y la esencia de limón.

▼ Mezclar con cuchara de madera y agregar la manteca derretida y fría, la levadura desgranada y de a poco la harina cernida con la sal.

▼ Formar un bollo, amasar hasta que resulte suave y homogéneo, cubrir y dejar levar.

▼ Desgasificar, estirar dándole forma rectangular y espolvorear con harina; doblar por la mitad, estirar nuevamente y repetir la operación 4 veces más.

▼ Estirar la masa hasta que tenga 1,5 mm de espesor, pinchar toda la superficie y cortar los bizcochos con molde redondo de 4 cm de diámetro.

▼ Colocar sobre placas enmantecadas dejando una distancia de 3 cm entre uno y otro. Cubrir y dejar levar.

▼ Cocinar a temperatura moderada durante 30 minutos, hasta que tome un color dorado. Apagar el horno, dejar que baje un poco la temperatura y volver a introducir los bizcochos para que resulten sequitos.

Bizcochitos de grasa

2 kilos

Ingredientes

35 g de levadura
500 cc de agua
25 g de sal
600 g de grasa o margarina
1 cucharadita de extracto de malta
1 kilo de harina 000

- Diluir la levadura en el agua a temperatura ambiente, agregar la sal, la grasa o margarina blanda y el extracto de malta.
- Incorporar por último la harina y formar un bollo, amasarlo y dejarlo levar.
- Estirar, espolvorear con harina y cerrar al medio. Repetir este paso 6 veces más.
- Estirar la masa hasta que quede de 2 mm de espesor, pinchar y cortar con molde redondo de 4 cm de diámetro. Colocar sobre placas engrasadas, cubrir y dejar levar.
- Hornear a 220° C durante 20 minutos, con vapor.

Cuernitos de grasa

1,750 kilo

Ingredientes

30 g de levadura
550 cc de agua
2 cucharaditas (20 g) de sal
1 cucharadita de extracto de malta
300 g de grasa o margarina
1 kilo de harina 000

▼ Disolver la levadura en el agua tibia, agregar la sal, el extracto de malta y la grasa o margarina blanda, mezclar con cuchara de madera e incorporar la harina. Formar un bollo, sobarlo bastante, cubrirlo y dejar levar.

▼ Desgasificar, estirar dándole forma rectangular y espolvorear con harina. Repetir la operación 2 veces más y estirar hasta que alcance 5 mm de espesor.

▼ Cortar piezas de 4 cm de ancho y 14 cm de largo.

▼ Doblar las puntas de cada rectángulo hacia el centro y apretarlas, estirar con los dedos y arrollar hacia el medio los dos extremos con ambas manos hasta que se toquen. Cruzar uno sobre otro y apretar en el centro (véanse dibujos).

▼ Colocar sobre placas engrasadas, dejar puntear y hornear a 220° C durante 20 minutos con vapor. Una vez cocidos, pincelarlos apenas con agua.

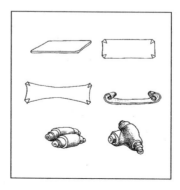

Galleta de campo

| 400 g |

Ingredientes

FERMENTO

20 g de levadura
50 cc de agua tibia
1 cucharadita de azúcar
1 cucharada de harina 000
30 g de grasa o margarina
100 cc de agua tibia
250 g de harina 000
1 cucharadita de sal
cantidad necesaria de harina de maíz

▼ Disolver la levadura en el agua tibia; agregar el azúcar y la harina. Batir, cubrir con polietileno y dejar fermentar 10 minutos.

▼ Agregar la grasa o margarina blanda, el agua tibia, y de a poco la harina cernida con la sal.

▼ Amasar muy bien hasta obtener un bollo elástico. Cubrir y dejar levar en lugar tibio.

▼ Estirar la masa hasta que quede fina, espolvorear las galletas con harina de maíz. Dejar puntear 15 minutos, pinchar la superficie y cocinar en horno moderado, con vapor, durante 25 minutos.

Galleta de leche

1,500 kg

Ingredientes

35 g de levadura
550 cc de leche
25 g de azúcar
1 pizca de sal
1 cucharadita de extracto de malta
85 g de margarina
1 kilo de harina 000

▼ Diluir la levadura en la leche a temperatura ambiente. Agregar el azúcar, la sal, el extracto de malta y la margarina blanda. Mezclar con cuchara de madera y añadir de a poco la harina hasta formar un bollo.

▼ Amasar hasta que se sienta suave, cubrir y dejar descansar 1 hora.

▼ Estirar la masa dándole forma rectangular, espolvorear con harina y cerrar por la mitad. Estirar hacia el lado de las aberturas y repetir la operación 3 veces más. Cubrir y dejar descansar 20 minutos.

▼ Estirar la masa hasta que adquiera un espesor de 2 mm. Cortar las galletas con molde redondo de 5 cm de diámetro y pincharlas.

▼ Enmantecar una placa y espolvorear con harina de maíz y sémola. Ubicar las galletas, cubrir y dejar levar unos 20 minutos. Hornear a 180° C durante 40 minutos.

Galleta marinera

| 750 g |

Ingredientes

FERMENTO
25 g de levadura
150 cc de agua
300 g de harina 000

MASA
400 g de harina 000
1/2 cucharadita de sal

150 cc de agua
1 cucharadita de extracto de malta
30 g de margarina
1 cucharada de aceite

VARIOS
200 g de grasa
200 g de harina de maíz

- Diluir la levadura con el agua a temperatura ambiente, agregar la harina y formar un bollo. Amasar y dejar levar.
- Colocar dentro de un bol la harina, espolvorear con la sal, mezclar y hacer un hueco, colocar allí el agua, el extracto de malta, la margarina blanda y el aceite. Unir con cuchara de madera y agregar el bollo fermentado.
- Formar una masa, trabajarla hasta que resulte lisa, cubrirla con un polietileno y dejar reposar 20 minutos.
- Estirar la masa dándole forma rectangular, espolvorear con harina, doblar al medio, volver a estirar y espolvorear con harina 3 veces más, cubrir y dejar descansar.
- Cortar bollos de 40 g cada uno y colocarlos sobre la mesada engrasada, cubrir y dejar reposar 10 minutos.
- Estirar con brilla o palote fino y poner sobre placas espolvoreadas con harina de maíz.
- Dejar levar, pinchar y hornear a temperatura moderada con vapor durante 40 minutos.

Galletas con aceite

| 1,500 kilo |

Ingredientes

25 g de levadura
500 cc de agua
1/2 cucharadita de sal
1 cucharadita de extracto de malta
150 cc de aceite neutro
1 kilo de harina 000

- Diluir la levadura en el agua, agregar la sal, el extracto de malta y el aceite.
- Incorporar la harina y formar un bollo, amasar sobándolo bastante hasta que resulte liso, cubrir y dejar descansar 20 minutos.
- Estirar dándole forma rectangular, espolvorear apenas con harina y estirar. Repetir esta operación 7 veces más.
- Dejar descansar y cortar piezas de 35 g, bollarlas y dejarlas descansar 30 minutos cubiertas con un polietileno.
- Estirarlas con la brilla sobre un mármol aceitado. Colocar sobre placas espolvoreadas con harina de maíz. Dejar levar y pinchar para que no se hinchen demasiado.
- Hornear a 180° C durante 30 minutos, con mucho vapor.

Galletas con harina de maíz

1,750 kilo

Ingredientes

40 g de levadura
500 cc de agua
1 cucharada de extracto de malta
250 g de margarina
850 g de harina 000
150 g de harina de maíz

- Diluir la levadura en el agua, agregar el extracto de malta y la margarina blanda, mezclar y agregar de a poco la harina 000 previamente cernida con la harina de maíz.
- Formar un bollo, amasar, cubrirlo con polietileno y dejar reposar 2 horas.
- Estirar dándole forma rectangular, espolvorear con harina 000 y doblar por la mitad, repetir este paso 7 veces más.
- Estirar la masa hasta que quede de un espesor de 3 mm. Pinchar y cortar con un molde redondo de 6 cm de diámetro.
- Colocar sobre placas enmantecadas y espolvoreadas con harina de maíz. Dejar levar 20 minutos y hornear a 200° C durante 30 minutos, con abundante vapor.

Galletas con malta

1,250 kilo

Ingredientes

40 g de extracto de malta
50 g de azúcar
35 g de levadura
400 cc de agua
1/2 cucharadita de sal
60 g de margarina
800 g de harina 000

- Mezclar en un bol el extracto de malta con el azúcar y la levadura agregar 300 cc de agua y disolver bien.
- Diluir la sal en los 100 cc de agua restantes, agregar a la preparación anterior junto con la margarina, incorporar por último la harina y formar un bollo. Amasar bien, cubrir y dejar descansar 1 y 1/2 hora.
- Estirar dándole forma rectangular, espolvorear con harina y doblar por la mitad, volver a repetir este paso 5 veces más.
- Estirar lo más fino posible y picar la masa. Cortar cuadrados de 5 cm de lado y colocarlos sobre placas enmantecadas.
- Dejar levar y hornear a 170° C, con vapor, durante 45 minutos.

Galletas con salvado

750 g

Ingredientes

20 g de levadura
300 cc de agua
1 cucharadita de extracto de malta
50 g de margarina
1/2 cucharadita de sal
400 g de harina 000
200 g de salvado de trigo

- Diluir la levadura en el agua a temperatura ambiente. Agregar el extracto de malta y la margarina blanda, mezclar con cuchara de madera.
- Cernir la harina con la sal y el salvado, agregar a la preparación líquida y amasar hasta obtener un bollo; cubrir y dejar levar.
- Desgasificar, estirar y espolvorear con harina, realizar esta operación 6 veces más.
- Estirar la masa hasta dejarla de un espesor fino, pinchar y cortar con molde redondo del tamaño deseado. Colocar sobre placas espolvoreadas con salvado. Dejar levar 20 minutos y hornear a 220° C, con vapor, durante 15 minutos.

Galletas con sésamo y amapola

1,500 kilo

Ingredientes

25 g de levadura
500 cc de agua tibia
2 cucharadas de aceite neutro
1 kilo de harina integral
20 g de sal
100 g de semillas de sésamo
50 g de semillas de amapola

- Colocar la levadura en un bol; disolverla con el agua tibia y el aceite.
- Agregar la harina cernida con la sal. Formar un bollo y amasarlo bastante. Cubrir y dejar reposar 20 minutos.
- Estirar dándole forma rectangular y espolvorear apenas con harina integral; doblar al medio y estirar nuevamente.
- Volver a espolvorear con harina integral y repetir la operación 4 veces más.
- Finalmente, estirar la masa hasta que tenga 2 mm de espesor, pinchar y cortar con molde redondo de 3 cm de diámetro.
- Acomodar sobre placas limpias, pincelar con aceite y espolvorear con las semillas de sésamo y amapola. Hornear a 160° C durante 25 minutos.

Galletas cubanas

750 g

Ingredientes

500 g de harina 000
1 cucharadita de sal
250 cc de leche
1 cucharadita de extracto de malta
20 g de levadura
30 g de manteca

* Cernir la harina con la sal en un bol. Hacer un hueco y colocar allí la leche a temperatura ambiente, el extracto de malta, la levadura desgranada y la manteca blanda.
* Unir con cuchara de madera y formar un bollo. Amasar hasta que adquiera una textura suave. Cubrir con polietileno y dejar reposar sobre la mesada 20 minutos.
* Estirar dándole forma rectangular, espolvorear con harina y doblar por la mitad.
* Estirar y volver a espolvorear. Repetir la operación 8 veces más, tratando que en la última vuelta alcance un espesor de 2 mm.
* Pinchar la superficie y cortar círculos con molde de 8 cm de diámetro.
* Colocar sobre placas apenas enmantecadas, cubrir y dejar descansar 30 minutos.
* Cocinar en horno moderado por espacio de 15 minutos.

Notas

* Estas galletas resultan crocantes y de color claro.
* Se pueden guardar por largo tiempo en lugar seco.

Galletas de miel

| 1,500 kilo |

Ingredientes

300 cc de agua
200 g de azúcar negra
100 g de miel
75 g de extracto de malta
1 kilo de harina 0000
225 g de margarina
15 g de bicarbonato de amonio

▼ Colocar en una cacerolita el agua junto con el azúcar negra, la miel y el extracto de malta. Llevar al fuego hasta que tome punto de ebullición. Retirar y dejar enfriar bien.

▼ Poner en un bol la harina; hacer un hueco y poner allí la margarina blanda. Espolvorear sobre la harina el bicarbonato de amonio. Agregar de a poco la preparación líquida hasta lograr una masa.

▼ Amasar hasta lograr una masa suave. Cubrir con un polietileno y dejar reposar sobre la mesada por espacio de 2 horas.

▼ Estirar dándole forma rectangular, espolvorear apenas con harina y cerrar por la mitad.

▼ Estirar hacia el lado de las aberturas, repitiendo esta operación por lo menos 5 veces más (tratar de no romper la masa cuando se estira; si fuera necesario, dejar reposar antes de continuar doblando).

▼ Estirar la masa hasta que alcance un espesor de 3 mm. Cortar las galletas con molde redondo de 7 cm de diámetro.

▼ Colocar sobre placas enmantecadas y cocinar a 160° C por espacio de 30 minutos.

Galletas de soja

| 1,750 kilo |

Ingredientes

30 g de levadura
650 cc de agua
1 cucharada de extracto de malta
80 g de margarina
500 g de harina 000
500 g de harina de soja

- Diluir la levadura con el agua dentro de un bol, agregar el extracto de malta y la margarina blanda.
- Incorporar las harinas y formar un bollo, amasar, cubrir y dejar descansar 15 minutos. Estirar, espolvorear con harina 000 y doblar por la mitad. Volver a estirar y repetir el paso anterior 7 veces más. Cubrir y dejar reposar 30 minutos.
- Estirar la masa fina, cortar con el molde deseado y colocar sobre placas engrasadas.
- Dejar levar, pinchar y hornear a temperatura baja para secar bien.

Nota

- La harina de soja hace que esta galleta tome color muy rápidamente dentro del horno; por lo tanto es necesario que la temperatura de éste no sea muy alta para lograr una correcta cocción.

Galletas integrales

600 g

Ingredientes

300 g de harina 000
200 g de harina de Graham
1 cucharada de azúcar negra
1/2 cucharadita de sal
50 g de margarina
1 cucharadita de extracto de malta
20 g de levadura
250 cc de agua

▼ Cernir dentro de un bol la harina 000 junto con la harina de Graham. Hacer un hueco y colocar el azúcar negra, la sal, la margarina blanda y el extracto de malta.

▼ Mezclar apenas estos ingredientes con cuchara de madera y agregar la levadura disuelta en el agua. Formar un bollo, cubrir y dejar reposar 20 minutos.

▼ Estirar dándole forma rectangular, espolvorear con harina 000 y doblar por la mitad. Repetir esta operación 8 veces más. Estirar la masa hasta dejarla fina, pinchar y cortar con molde redondo de 6 cm de diámetro.

▼ Colocar sobre placas apenas engrasadas, cubrir y dejar puntear 30 minutos.

▼ Hornear a temperatura regular durante 30 minutos.

Galletas semoladas

700 g

Ingredientes

20 g de levadura
200 cc de agua
75 cc de leche
1 cucharadita (10 g) de azúcar
1 cucharadita (5 g) de sal
35 g de margarina
1/2 cucharada de extracto de malta
500 g de harina 000
75 g de sémola

- Colocar dentro de un bol la levadura, agregar el agua, la leche, el azúcar, la sal, la margarina blanda y el extracto de malta.
- Unir con cuchara de madera e ir incorporando de a poco la harina cernida con la sémola. Formar un bollo y amasar 10 minutos, cubrir y dejar reposar 20 minutos.
- Estirar la masa, espolvorear con harina y doblar por la mitad, volver a repetir la operación 5 veces más.
- Por último estirar la masa lo más fina posible y cortar con molde redondo del tamaño deseado.
- Colocar sobre placas engrasadas y dejar descansar 20 minutos, pincharlas y cocinar en horno con vapor, a 220º C durante 30 minutos.

Galletas sin sal

600 g

Ingredientes

225 cc de agua
20 g de levadura
1/2 cucharada de extracto de malta
30 g de margarina
500 g de harina 000

- Diluir en el agua la levadura y el extracto de malta, colocar dentro de un bol y agregar la margarina blanda, agregar la harina y formar un bollo.
- Amasar hasta obtener una masa uniforme, cubrir y dejar reposar 20 minutos.
- Estirar y espolvorear con harina, doblar por la mitad y volver a repetir la operación 5 veces más.
- Por último estirar la masa hasta que quede lo más fina posible (1/2 cm de espesor), pinchar, cortar y colocar sobre placas engrasadas.
- Hornear con abundante vapor a 220° C durante 30 minutos.

Galletitas de agua

750 g

Ingredientes

15 g de levadura
225 cc de agua
1 cucharadita (10 g) de sal
20 g de azúcar
90 g de margarina
500 g de harina 000

- Disolver la levadura en el agua, agregar la sal y el azúcar.
- Derretir la margarina, dejarla entibiar y agregársela a la levadura. Incorporar la harina de a poco y formar un bollo, dejar descansar 20 minutos.
- Estirar la masa dándole forma rectangular, espolvorear con harina y doblar por la mitad.
- Estirar y volver a repetir esta operación 6 veces más, cubrir y dejar levar.
- Estirar la masa lo más fina posible, pinchar y cortar del tamaño y forma deseada.
- Colocar sobre placas engrasadas, cocinar en horno fuerte (250° C), con vapor, durante 10 minutos.

Galletitas de queso

| 1,500 kilo |

Ingredientes

35 g de levadura
1 kilo de harina 000
20 g de sal
500 cc de agua
1 cucharada de extracto de malta
135 g de margarina
200 g de queso provolone rallado

❦ Desgranar la levadura sobre la harina. Espolvorear con la sal y hacer un hueco. Colocar allí el agua a temperatura ambiente, el extracto de malta y la margarina blanda. Mezclar los ingredientes del centro o ir incorporando la harina de alrededor.

❦ Agregar el queso rallado y formar un bollo. Amasar, cubrir con polietileno y dejar reposar sobre la mesada 40 minutos.

❦ Estirar dándole forma rectangular, espolvorear con harina y doblar por la mitad.

❦ Volver a estirar y espolvorear con harina; repetir la operación 5 veces más (si la masa tiende a volverse, es decir, que tomó liga, dejar descansar 10 minutos entre cada vuelta).

❦ Estirar la masa hasta que alcance un espesor de 2 mm. Pinchar toda la superficie y cortar las galletas del tamaño y forma deseada.

❦ Estibar sobre placas enmantecadas, dejar descasar 10 minutos y cocinar a 180° C con vapor por espacio de 25 minutos.

Galletitas para el copetín

600 g

Ingredientes

500 g de harina 000
1 cucharadita de sal
200 cc de agua tibia
20 g de levadura
75 cc de aceite de oliva
1 cucharadita de azúcar
20 g de hierbas aromáticas

- Cernir la harina con la sal; hacer un hueco y disponer allí el agua tibia, la levadura desgranada, el aceite de oliva, el azúcar y las hierbas aromáticas secas.
- Unir de a poco con cuchara de madera y formar un bollo. Amasar 5 minutos, cubrir con un lienzo y dejar reposar 30 minutos.
- Desgasificar sobre la mesa apenas enharinada, estirando hasta alcanzar un espesor de 3 mm.
- Cortar las piezas de diferentes formas y ubicarlas sobre placas enmantecadas. Cubrir y dejar reposar 15 minutos.
- Pintar con clara o aceite y adherir queso roquefort rallado, sésamo, piñones, queso rallado o maní salado picado.
- Cocinar a 200° C por espacio de 20 minutos.

Grisines

| 600 g |

Ingredientes

500 g de harina 000
1 cucharadita de sal
15 g de levadura
225 cc de agua
1/2 cucharada de extracto de malta
40 g de margarina

❦ Colocar la harina dentro de un bol y mezclarla con la sal. Diluir la levadura en el agua.

❦ Hacer un hueco en la harina y verter allí la levadura, el extracto de malta y la margarina. Amasar hasta obtener una masa suave, ubicar dentro del bol, cubrir y dejar levar.

❦ Desgasificar, estirar de 2 cm de espesor y cortar tiras del largo deseado, redondearlas con las palmas de las manos para formar los grisines y acomodarlos sobre placas untadas con margarina.

❦ Dejar puntear y cocinar en horno caliente durante 12 minutos.

Variantes

• Si se desea preparar grisines de otros cereales reemplazar 250 g de harina 000 por 250 g de harina de salvado, integral, de soja, de centeno, etc.

• Para preparar grisines saborizados se puede agregar a la receta 50 g de cebolla deshidratada o 200 g de queso rallado o 15 g de orégano.

Grisines con germen de trigo

| 1,500 kilo |

Ingredientes

30 g de levadura
500 cc de agua tibia
75 g de margarina
20 g de sal
800 g de harina 000
100 g de germen de trigo
100 g de avena

- Desgranar en un bol la levadura, agregar el agua tibia, la margarina blanda y la sal. Mezclar con cuchara de madera y añadir de a poco la harina de trigo, el germen y la avena.
- Formar un bollo, sobarlo hasta que resulte tierno, cubrir y dejar levar en lugar tibio.
- Desgasificar sobre la mesa, tomar pequeñas porciones y darles forma cilíndrica.
- Colocar sobre placas apenas aceitadas, cubrir con polietileno y dejar descansar 20 minutos.
- Cocinar en horno suave por espacio de 25 minutos.

Grisines de centeno

30 grisines

Ingredientes

200 g de harina de centeno
100 g de harina de trigo 000
1 cucharadita colmada de sal
2 cucharadas de aceite
150 cc de agua
15 g de levadura

▼ Mezclar las dos harinas y la sal, agregar el aceite y el agua con la levadura, tomar la masa y amasar bien.

▼ Dejarla descansar 10 minutos y estirarla hasta que alcance un espesor de 1 a 2 cm y cortar tiras finas del largo que se deseen los grisines, redondearlos ligeramente con las palmas de las manos.

▼ Acomodarlos en placas untadas con margarina, dejar puntear en lugar tibio y cocinar en horno caliente 12 a 15 minutos.

Palitos salados

| 300 g |

Ingredientes

250 g de harina 000
1/4 de cucharadita de sal
1 cucharadita de levadura
125 cc de agua

▼ Colocar dentro de un bol la harina junto con la sal. Hacer un hueco y colocar el agua y la levadura, formar una masa, sobarla y cubrir con polietileno.

▼ Dejar descansar dos horas, desgasificar, volver a amasar y dejar reposar 10 minutos.

▼ Estirar hasta que alcance un espesor de 1/2 cm, cortar los palitos del tamaño deseado y freír en grasa o aceite caliente.

▼ Escurrir sobre papel absorbente y salar a gusto.

Panadería Casera

Ensaimadas (pág. 215)

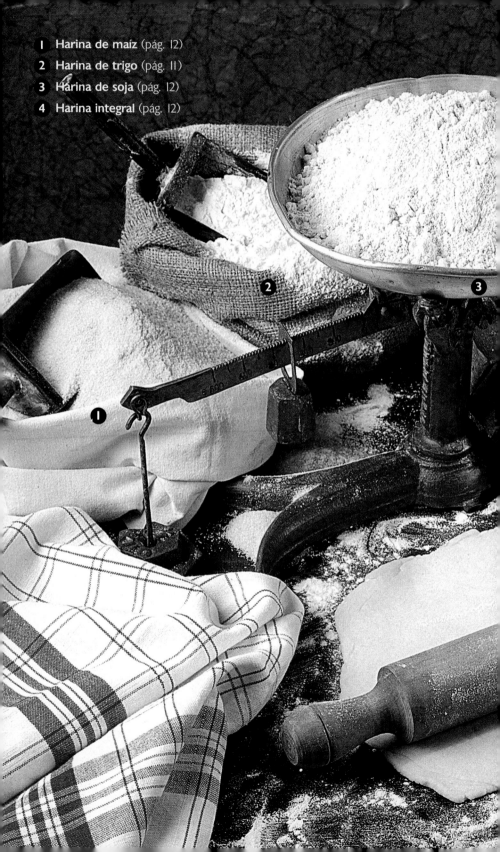

1 **Harina de maíz** (pág. 12)
2 **Harina de trigo** (pág. 11)
3 **Harina de soja** (pág. 12)
4 **Harina integral** (pág. 12)

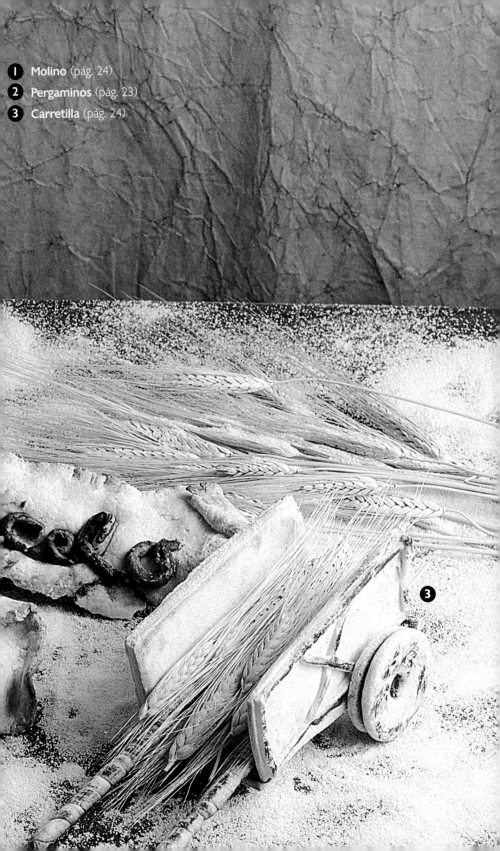

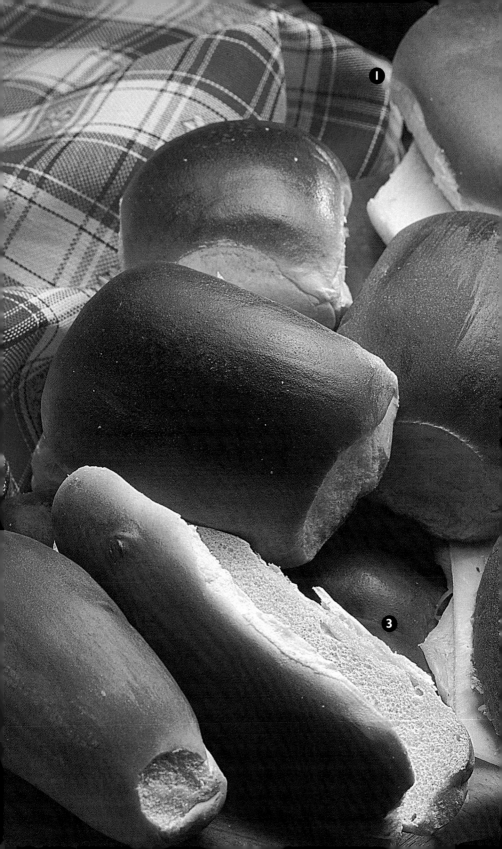

2

1 Pan de hamburguesas (pág. 48)
2 Pan de pebetes (pág. 48)
3 Pan de panchos (pág. 48)

1 Trenza alemana de cuatro cabos espolvoreada con sésamo (pág. 191)
2 Trenza espolvoreada con semillas de amapola (pág. 191)
3 Trenza doble (pág. 191)

Masas dulces

Arrollado vienés

| I pan grande |

Ingredientes

40 g de levadura
5 cucharadas de leche tibia
150 g de azúcar
2 huevos
100 g de manteca
1 cucharada de ralladura de limón
2 cucharaditas de esencia vainilla
600 g de harina 0000
1/2 cucharadita de sal
4 cucharadas de puré de papas
4 cucharadas de mermelada de frambuesas
4 cucharadas de azúcar negra
75 g de pasas de uva rubias

▼ Diluir la levadura en la leche tibia, agregar 2 cucharadas de azúcar y 2 cucharadas de harina, dejar espumar.

▼ Agregar en forma alternada, siempre batiendo, el resto de azúcar, los huevos, la manteca, la ralladura, la esencia, la harina mezclada con la sal y el puré de papas.

▼ Tomar la masa, sobar 10 minutos y cubrir con un lienzo. Dejar levar hasta que duplique su volumen.

▼ Estirar dándole forma rectangular, untar con la mermelada, espolvorear con el azúcar negra y las pasas.

▼ Arrollar, colocar sobre placa enmantecada, cubrir y dejar levar.

▼ Pincelar con huevo batido, espolvorear con azúcar y cocinar en horno moderado durante 45 minutos.

Bath buns de Laura

| 20 pancitos |

Ingredientes

500 g de harina 0000
25 g de levadura
100 cc de leche
2 huevos
60 g de azúcar
80 g de manteca
1/2 cucharadita de anís en grano
1 cucharadita de comino molido
1 cucharadita de ralladura de limón
1 pizca de sal
50 g de cáscara de naranja abrillantada

- Colocar la harina dentro de un bol, hacer un hueco y desgranar allí la levadura, agregar la leche tibia, los huevos, el azúcar y la manteca blanda junto con el anís, el comino y la ralladura de limón.
- Unir estos ingredientes, espolvorear por encima con la sal y agregar las cáscaras de naranja abrillantadas picadas.
- Formar un bollo, amasar hasta que resulte homogéneo, cubrir y dejar levar en lugar tibio.
- Dividir la masa en trozos de 40 g y bollar. Colocar sobre placas enmantecadas y dejar puntear.
- Pincelar con huevo batido y hornear a temperatura moderada durante 30 minutos.
- Una vez cocidos, espolvorear con azúcar impalpable.

Bollitos de manzana

Ingredientes

MASA
25 g de levadura
4 huevos
100 g de azúcar
1 cucharada de ralladura de limón
75 g de manteca
500 g de harina
1 cucharadita de sal

RELLENO
1 kilo de manzanas verdes
100 cc de agua
1 cucharadita de canela
2 cucharadas de azúcar
50 g de pasas de uva
1 copita de coñac

▼ Desgranar la levadura y disolverla con los huevos batidos a temperatura ambiente. Añadir el azúcar, la ralladura de limón y la manteca blanda.

▼ Mezclar con cuchara de madera e ir incorporando de a poco la harina cernida con la sal.

▼ Formar una masa blanda y amasar hasta que resulte homogénea. Colocar en el bol, cubrir con polietileno y dejar levar hasta el doble de su volumen inicial.

▼ Para el relleno, pelar las manzanas y cortarlas en pequeños cubos.

▼ Cocinarlas con el agua hasta que resulten tiernas pero que no se deshagan. Dejar entibiar y perfumar con la canela; agregar el azúcar y las pasas de uva previamente remojadas en el coñac.

▼ Estirar la masa hasta que alcance 5 mm de espesor y cortar discos de 4 cm de diámetro. Ubicar un poco de relleno sobre cada círculo de masa, llevar los bordes al centro, encerrando de ese modo el relleno; apretar bien para que no se salga y formar los bollitos.

▼ Poner sobre placas enmantecadas, con la unión hacia abajo. Cubrir y dejar levar.

▼ Pintar con huevo batido con 1 cucharada de azúcar impalpable. Cocinar en horno moderado durante 20 minutos.

Bollitos delicados para el té

2 docenas

Ingredientes

40 g de levadura
1 cucharadita de azúcar
100 cc de leche tibia
3 huevos
50 cc de crema de leche
75 g de azúcar
1 cucharadita de esencia de almendras
1 cucharadita de extracto de malta
70 g de manteca
500 g de harina 0000
1 cucharadita de sal
250 g de mermelada de frambuesas

- Poner en un bol la levadura desgranda; incorporar el azúcar y la leche tibia. Cubrir y dejar espumar.
- Añadir luego los huevos, la crema de leche tibia, el azúcar, la esencia y el extracto de malta. Unir con cuchara de madera y agregar de a poco la harina cernida con la sal, intercalando con la manteca blanda.
- Formar un bollo, amasar hasta que resulte suave, cubrir y dejar levar hasta que duplique su volumen.
- Desgasificar, tomar porciones de 40 g y bollar. Cubrir y dejar reposar 15 minutos. Estirar dándoles forma redonda, colocar en el centro un poco de mermelada y cerrar, formando bollitos.
- Colocar sobre placas enmantecadas con el cierre hacia abajo. Cubrir y dejar levar en lugar cálido.
- Pintar con yema batida con 2 cucharadas de leche y hornear a 180° C durante 20 minutos, con vapor.

Nota
• Se pueden servir tibios acompañados con crema batida a 3/4 (casi punto chantillí).

Borrachitos

18 unidades

Ingredientes

FERMENTO
35 g de levadura
100 cc de leche
1 cucharadita de azúcar
1 cucharada de harina 0000

MASA
4 huevos
70 g de azúcar
150 g de manteca

50 cc de leche tibia
500 g de harina 0000

VARIOS
500 g de crema chantillí
3 barritas de chocolate para taza
10 frutillas
2 duraznos
200 cc de almíbar liviano
2 copitas de ron

- Disolver la levadura en la leche tibia; agregar el azúcar y la harina. Batir con batidor de alambre, cubrir con polietileno y lienzo y dejar levar en lugar templado.
- Colocar en un bol los huevos, el azúcar, la leche tibia y el fermento. Mezclar con cuchara de madera e ir incorporando de a poco la harina cernida previamente con una pizca de sal.
- Añadir también la manteca bien blanda. Debe resultar una masa líquida.
- Colocarla en una manga con boquilla lisa y llenar unos moldecitos tipo savarín enmantecados (llenar solamente hasta las 3/4 partes).
- Cubrir con polietileno y dejar levar casi hasta el borde.
- Cocinar a temperatura moderada por espacio de 20 minutos.
- Una vez cocidos, sumergirlos en almíbar tibio. Escurrir sobre papel absorbente o rejilla de alambre; rociar apenas con el ron.
- Ubicarlos dentro de pirotines o directamente sobre una fuente. Rellenar el centro con la crema chantillí blanca o mezclada con el chocolate para taza picado (granizada).
- Decorar con las frutillas fileteadas y los duraznos cortados en cuadraditos o gajos chiquitos.

Almíbar

- Prepararlo con 1 taza de agua y media de azúcar; hacer hervir durante 10 minutos. Dejar entibiar y utilizarlo.

$\mathcal{B}$rioche hojaldrada

Ingredientes

MASA
15 g de levadura
80 g de azúcar
50 cc de leche
1 cucharadita de sal
5 huevos
500 g de harina 0000
80 g de manteca

EMPASTE
250 g de manteca

- Colocar la levadura dentro de un bol, agregar el azúcar, la leche, la sal y los huevos, integrar los ingredientes e incorporar la harina junto con la manteca blanda.
- Amasar hasta obtener una masa suave, cubrir y llevar a heladera 30 minutos.
- Estirar dándole forma rectangular, colocar la manteca apenas blanda en el centro y cerrar en 3 partes.
- Estirar hacia el lado de las aberturas y doblar en 3 partes. Repetir este paso 2 veces más con intervalos de 30 minutos en los que la masa se guardará en la heladera.
- Estirar la masa hasta que tenga un espesor de 4 mm, enrollarla sobre sí misma para obtener un rollo. Cortar trozos y ubicarlos en 2 moldes para *brioches* enmantecados, con los cortes del rollo hacia arriba.
- Dejar levar, pincelar con huevo y hornear a temperatura fuerte durante 30 minutos.
- Desmoldar inmediatamente después de la cocción.

Brioche parisina

Ingredientes

FERMENTO
25 g de levadura
200 cc de leche
1 cucharada de azúcar
250 g de harina 0000

MASA
60 g de azúcar
2 huevos
1 cucharadita de sal
100 g de manteca
250 g de harina 0000

- Disolver la levadura en la leche tibia, agregar el azúcar y la harina, formar una preparación blanda y dejarla fermentar.
- Incorporar luego el azúcar, los huevos, la sal y la manteca a temperatura ambiente. Mezclar bien estos ingredientes y agregar la harina.
- Formar un bollo bastante blando y amasarlo hasta que resulte liso (si es necesario espolvorear apenas con harina). Colocar dentro de un bol y dejar levar.
- Tomar porciones de 40 g y 20 g y bollar.
- Colocarlas sobre placas enmantecadas y dejar reposar, realizar en los bollos más grandes un hueco en el centro y colocar allí un bolllito de masa más pequeño. Dejar levar, pincelar con huevo batido y hornear a temperatura moderada durante 20 minutos.

Nota
- La brioche a tête o parisina se puede cocinar dentro de moldes especiales para brioche.

Budín berlinés

| 1 budín |

Ingredientes

FERMENTO
20 g de levadura
1 cucharadita de azúcar
50 cc de leche

MASA
100 g de azúcar
150 g de manteca
3 huevos

1 cucharadita de ralladura de
naranja
150 g de pasas de uva
300 g de harina 0000
1 pizca de sal

VARIOS
200 g de chocolate cobertura
100 g de almendras fileteadas

- Disolver la levadura con el azúcar y la leche tibia, cubrir y dejar fermentar.
- Batir la manteca blanda con el azúcar hasta obtener una crema, agregar los huevos, la ralladura y el fermento, mezclar con cuchara de madera y añadir las pasas de uva.
- Incorporar de a poco la harina cernida con la sal y formar una pasta, batiendo enérgicamente para que la masa no resulte grumosa, cubrir y dejar levar.
- Enmantecar un molde tipo flanera o savarín, verter la preparación dentro de él teniendo en cuenta que ésta no debe superar la mitad de la capacidad del molde.
- Cubrir y dejar levar hasta las 3/4 partes, hornear a 200° C durante 40 minutos.
- Desmoldar, dejar enfriar y bañar con el chocolate cobertura disuelto a baño de María. Adherir las almendras fileteadas.

Budín vienés de naranja

| 1 budín |

Ingredientes

FERMENTO
40 g de levadura
2 cucharadas de agua
2 cucharaditas de azúcar
1 cucharada de harina

MASA
150 g de manteca
100 g de azúcar

2 yemas
1 cucharada de ralladura de
naranja y limón
2 cucharadas de Cointreau
400 g de harina 0000
1 cucharadita de sal
1 taza de jugo de naranja
2 claras
50 g de nueces

▼ Disolver la levadura en el agua tibia, agregar el azúcar y por último la harina, formar una pasta, cubrir y dejar leudar al doble.

▼ Batir la manteca con el azúcar hasta obtener una crema, agregar las yemas, la ralladura y el Cointreau. Alternar con la harina previamente tamizada con la sal, el fermento, el jugo de naranja colado y las claras batidas a nieve.

▼ Batir con cuchara de madera para airear la pasta, continuar mezclando hasta que la preparación se desprenda del bol.

▼ Formar un bollo y colocarlo dentro de un molde savarín de 22 cm de diámetro enmantecado y espolvoreado con nueces picadas.

▼ Dejar levar y cocinar en horno moderado durante 50 minutos aproximadamente, desmoldar y cubrir con *glacé* (véase pág. 20).

Nota

• El medio graso, en este caso la manteca, no debe ablandarse sobre el fuego, siempre debe utilizarse a temperatura ambiente.

Caracolitos de avena

| 2 docenas |

Ingredientes

MASA
30 g de levadura
150 cc de leche tibia
3 yemas
2 huevos
120 g de manteca
100 g de azúcar
1 cucharada de almendras

500 g de harina 0000
1/2 cucharadita de sal

RELLENO
3 claras
75 g de azúcar
200 g de avena extra fina
100 g de nueces

❦ Disolver la levadura en la leche tibia; añadir, siempre mezclando con cuchara de madera, las yemas, los huevos, la manteca blanda, el azúcar, las almendras picadas y de a poco la harina cernida con la sal.

❦ Formar un bollo, sobarlo bastante y cubrir con un lienzo. Dejar levar hasta que duplique el volumen.

❦ Mientras tanto, mezclar las claras con el azúcar, la avena y las nueces procesadas.

❦ Estirar la masa dándole forma rectangular, pincelar la superficie con manteca derretida y espolvorear con el relleno.

❦ Arrollar y cortar porciones de 1 cm. de grosor, ubicarlas sobre placas enmantecadas, cubrir y dejar levar.

❦ Cocinar en horno moderado durante 20 minutos. Una vez cocidos y fríos, decorar con chocolate cobertura y nueces picadas.

Corona navideña

Ingredientes

FERMENTO
35 g de levadura
100 cc de agua tibia
1 cucharada de azúcar
1 cucharada de harina

MASA
4 huevos
1 cucharada de ralladura naranja
150 g de azúcar
1 cucharadita de extracto de malta
500 g de harina
1/2 cucharadita de sal

EMPASTE
250 g de manteca o margarina
50 g de harina

RELLENO
70 g de pasas de uva
50 g de nueces
50 g de almendras
50 g de azúcar rubia
1 cucharadita de ralladura de limón
1 cucharadita de canela

- Disolver la levadura en el agua tibia; agregar el azúcar y la harina. Batir y dejar fermentar.
- Colocar los huevos en un bol, agregar la ralladura, el azúcar, el extracto de malta y el fermento. Mezclar y agregar de a poco la harina cernida con la sal.
- Formar un bollo, amasarlo apenas para alisarlo, cubrir con polietileno y llevar a la heladera 20 minutos.
- Para preparar el empaste unir la manteca bien fría con la harina; formar un pancito de base rectangular, llevar a heladera y dejar enfriar 20 minutos.
- Estirar la masa dándole forma rectangular; ubicar en el centro el empaste y cerrar en 3 partes.
- Orientar las aberturas hacia el frente del que amasa y estirar hacia adelante y atrás.
- Doblar en tres partes, cubrir con polietileno y llevar a heladera 20 minutos.
- Estirar hacia el lado de las aberturas y doblar en cuatro partes. Enfriar 20 minutos. Por último estirar y doblar en tres partes. Llevar a la heladera por lo menos 1 hora antes de utilizar.

- ❦ Mientras tanto preparar el relleno mezclando las pasas de uva remojadas en ron y escurridas, las nueces y almendras picadas, el azúcar rubia, la ralladura y la canela.
- ❦ Estirar la masa hasta que tenga 5 mm de espesor.
- ❦ Untar con manteca blanda y espolvorear con el relleno.
- ❦ Arrollar y unir los extremos, formando la rosca. Efectuar algunos cortes con tijera, sin llegar a la base, y colocar sobre placa enmantecada. Cubrir y dejar levar.
- ❦ Pintar con huevo batido y hornear a temperatura moderada durante 45 minutos.
- ❦ Dejar enfriar y bañar con *glacé*. Adherir higos y cerezas, almendras fileteadas o confites plateados.

Nota

• Esta masa se puede realizar el día anterior y reservarla en la heladera hasta el momento de rellenar.

Chinois o brioche suiza

10 a 12 porciones

Ingredientes

35 g de levadura
100 cc de leche
60 g de azúcar
4 huevos
70 g de manteca
2 cucharadas de ron
1 cucharadita de esencia de vainilla
500 g de harina 0000
1 cucharadita de sal

RELLENO
1 taza de crema pastelera
100 g de almendras molidas
1 cucharada de ralladura de limón
1 cucharadita de esencia de almendras
100 g de pasas de uva remojadas
100 g de naranjas confitadas

▼ Diluir la levadura en la leche tibia, agregar el azúcar, los huevos, la manteca a temperatura ambiente, perfumar con el ron y la esencia.

▼ Mezclar los ingredientes e ir incorporando de a poco la harina cernida con la sal, formar un bollo y sobarlo.

▼ Dejarlo levar cubierto, desgasificar y retirar un trozo de 150 g de masa, estirar dándole forma circular y tapizar el fondo de un molde redondo de 28 cm de diámetro, enmantecado.

▼ Estirar el resto dándole forma rectangular, cubrir con el relleno y arrollar.

▼ Cortar porciones y ubicarlas dentro del molde con el corte hacia arriba una al lado de la otra dejando 1 cm de distancia entre una y otra.

▼ Cubrir y dejar levar hasta el borde, pincelar con huevo batido y cocinar en horno moderado durante 35 a 40 minutos. Al sacarla del horno, pincelar con mermelada reducida o *glacé* (véase pág. 20).

Corona nizarda

Ingredientes

FERMENTO
25 g de levadura
75 cc de agua
1 cucharadita de azúcar
125 g de harina 0000

MASA
4 huevos
80 g de azúcar
40 g de sal

130 g de manteca
1 cucharadita de agua de azahar
375 g de harina 0000

VARIOS
200 g de fruta abrillantada escurrida
100 g de azúcar grana
100 g de cerezas
1 huevo para pintar

☙ Disolver la levadura en el agua tibia, agregar el azúcar y la harina. Formar un bollo, cubrir con un lienzo y dejar levar.

☙ Colocar dentro de un bol los huevos, el azúcar, la sal, la manteca blanda y el agua de azahar.

☙ Incorporar el bollo de levadura fermentado y la harina de a poco, amasar hasta obtener un bollo suave.

☙ Ponerlo dentro de un bol enmantecado y dejar levar, desgasificar y agregar la fruta escurrida.

☙ Formar dos bollos y cubrir, dejar reposar 30 minutos, realizar un orificio en el centro e ir agrandándolo con la mano. Dar forma de rosca y estibar sobre placas enmantecadas, dejar puntear.

☙ Pincelar con huevo batido, decorar con algunas cerezas y espolvorear con el azúcar grana. Hornear a temperatura moderada durante 30 minutos.

Corona trenzada

| 1 pan grande |

Ingredientes

FERMENTO
30 g de levadura
100 cc de leche tibia
1 cucharadita de azúcar
1 cucharada de harina

MASA
75 g de azúcar
2 huevos

80 g de manteca
100 g de almendras
50 g de cáscara de naranja
confitada
120 g de duraznos secos
1 cucharadita de ralladura de limón
500 g de harina
1 cucharadita de sal

- Disolver la levadura en la leche tibia; agregar el azúcar y la harina. Batir hasta que se formen burbujas. Cubrir con un lienzo y dejar fermentar 10 minutos.
- Batir el azúcar con los huevos, agregar la manteca bien blanda, el fermento y las frutas picadas chiquitas.
- Perfumar con la ralladura e ir incorporando la harina cernida con la sal. Trabajar la masa hasta obtener un bollo tierno (si fuera necesario, añadir un poco de leche tibia).
- Amasar hasta que resulte liso, colocar en un bol y cubrir con polietileno y lienzo. Dejar levar en lugar templado hasta que duplique su volumen.
- Desgasificar sobre la mesa apenas espolvoreada con harina y dividir en tres trozos.
- Formar una trenza y ubicarla en un molde tipo savarín de 30 cm de diámetro, previamente enmantecado. Cubrir y dejar levar hasta las 3/4 partes.
- Cocinar en horno moderado por espacio de 40 minutos. Una vez cocido, pincelar con manteca derretida y espolvorear con azúcar impalpable.

Nota

- Para cubrir el bollo se utiliza polietileno para que la masa reciba humedad y su superficie no se seque; el lienzo proporciona mayor temperatura.

Craquelins

Ingredientes

50 g de levadura
400 cc de leche tibia
65 g de azúcar
2 huevos
150 g de manteca
1 kilo de harina 0000
15 g de sal
250 g de cáscaras de naranja abrillantadas

- Disolver la levadura en la leche tibia; agregar el azúcar, los huevos, la manteca blanda y de a poco la harina cernida con la sal.
- Unir con cuchara de madera, formar un bollo y amasar hasta que resulte homogéneo.
- Colocar en un bol, cubrir con un lienzo y dejar levar en un lugar templado, fuera de las corrientes de aire, hasta que duplique su volumen.
- Incorporar la fruta picada y amasar. Dividir la masa en 4 partes y armar los panes dándoles forma ovalada.
- Colocar sobre placas enmantecadas, cubrir y dejar levar.
- Realizar un corte a lo largo, pintar con huevo batido y adherir azúcar grana. Cocinar a temperatura moderada por espacio de 30 minutos.

Cuadraditos de ciruelas

| 2 docenas |

Ingredientes

MASA
30 g de levadura
150 cc de leche tibia
2 huevos
120 g de azúcar
1 cucharada de ralladura de limón
1 cucharada de ralladura naranja
100 g de manteca

500 g de harina 0000
1 cucharadita de sal

RELLENO
150 g de ciruelas pasas picadas
1 cucharada de azúcar negra
100 g de almendras
1 cucharadita de canela
100 g de mermelada de damascos

- Disolver la levadura en la leche tibia; incorporar los huevos, el azúcar, las ralladuras y la manteca blanda. Mezclar con cuchara de madera o gancho amasador de la batidora e ir añadiendo de a poco la harina cernida con la sal.
- Formar un bollo, amasar hasta que resulte suave. Cubrir y dejar levar hasta que duplique su volumen.
- Dividir la masa en dos partes. Estirarlas y cubrir con una de ellas una placa de 35 x 20 cm enmantecada.
- Distribuir sobre la superficie una capa de mermelada de damascos mezclada previamente con 3 cucharadas de agua tibia. Adherir las ciruelas picadas, el azúcar negra y las almendras picadas.
- Espolvorear con la canela y tapar todo con el otro rectángulo de masa. Cubrir y dejar levar.
- Pintar con huevo batido, espolvorear con azúcar molida y hornear a temperatura moderada durante 40 minutos.
- Dejar enfriar, cortar en cuadraditos y espolvorear con azúcar impalpable o cacao en polvo.

Espiral frutal

Ingredientes

FERMENTO
40 g de levadura
3 huevos
1 cucharada de azúcar
200 g de harina 0000

MASA
2 huevos
125 g de manteca

110 g de azúcar
50 cc de leche
1 cucharadita de esencia de limón
1 cucharadita de esencia de vainilla
1 cucharadita de extracto de malta
300 g de harina 0000
1/2 cucharadita de sal
200 g de fruta abrillantada

- Disolver la levadura en los huevos, batiendo con batidora eléctrica; añadir el azúcar y luego la harina. Formar un bollito, amasar y dejar levar cubierto con un lienzo en lugar templado.
- Añadir luego, siempre batiendo con cuchara de madera, los huevos, la manteca blanda, el azúcar, la leche tibia, las esencias y el extracto de malta. Mezclar bien y agregar por último la harina cernida con la sal.
- Formar un bollo, amasar bien, cubrir y dejar levar hasta que duplique su volumen.
- Picar la fruta abrillantada y esparcirla sobre la masa desgasificada.
- Dar a la masa forma cilíndrica y realizar la espiral. Ubicar en un molde de 26 cm de diámetro enmantecado.
- Dejar levar, pintar con huevo batido y hornear a temperatura moderada por espacio de 35 minutos. Una vez cocido, decorar con chocolate cobertura blanco y negro.

Gugelhopf

Ingredientes

50 g de levadura
600 cc de leche
4 huevos
1 cucharada de ralladura de limón
1 cucharadita de sal
130 g de azúcar
1 kilo de harina 0000
180 g de manteca
200 g de pasas de uva remojadas y escurridas

VARIOS
100 g de almendras
100 g de azúcar impalpable

- Disolver la levadura en la leche tibia, agregar los huevos, la ralladura, la sal fina, el azúcar, la harina y por último la manteca blanda.
- Batir la masa hasta lograr una textura elástica, dejar reposar 30 minutos.
- Volver a batir con cuchara de madera y dejar en reposo nuevamente otros 30 minutos.
- Agregar las pasas de uva y mezclar bien.
- Enmantecar dos moldes tipo savarín o flanera de 22 cm de diámetro, disponer una capa de almendras en la parte inferior del molde, formando una base, volcar parte de la preparación sin superar la mitad del molde, dejar levar hasta que la preparación llegue casi al borde del molde.
- Cocinar en horno moderado (180º C) durante 30 minutos. Una vez frío espolvorear con azúcar impalpable.

Gugelhopf de nueces, ciruelas y ricota

| 1 pan grande |

Ingredientes

FERMENTO
30 g de levadura
50 cc de leche tibia
1 cucharada de azúcar
1 cucharada de harina

MASA
80 g de azúcar
3 huevos
1 cucharada de ron
1 cucharada de ralladura limón
75 cc de leche tibia
85 g de manteca
500 g de harina
1/2 cucharadita de sal

RELLENO DE NUEZ
150 g de azúcar
50 cc de agua
100 g de nueces
2 cucharadas de galletitas dulces

RELLENO DE RICOTA
35 g de manteca
70 g de azúcar
2 yemas
250 g de ricota
30 g de fécula de maíz
1 cucharada de ron

RELLENO DE CIRUELA
200 g de mermelada de ciruela

- Disolver la levadura en la leche tibia. Agregar el azúcar y la harina.
- Batir con batidor de alambre hasta que se formen burbujas; cubrir con polietileno y dejar fermentar en lugar tibio por espacio de 15 minutos.
- Colocar en un bol los huevos junto con el azúcar, el ron, la ralladura de limón y la leche tibia.
- Incorporar el fermento ya levado y la manteca blanda. Mezclar con cuchara de madera e ir añadiendo de a poco la harina cernida con la sal.
- Formar un bollo, amasarlo hasta que resulte suave, colocarlo dentro del bol y cubrir con lienzo.
- Dejar levar al doble de su volumen: Mientras tanto preparar los rellenos.
- Para el relleno de nuez mezclar el azúcar y el agua en una cacerolita. Llevar a ebullición hasta que tome punto de hilo flojo. Retirar, dejar entibiar y agregar las nueces molidas y las galletitas o migas de bizcochuelo procesadas.

- Para el relleno de ricota batir la manteca con el azúcar hasta obtener una crema. Añadir las yemas, la ricota, la fécula y el ron. Mezclar y utilizar.
- Desgasificar la masa y dividirla en 36 porciones. Bollarlas y luego estirarlas dándoles forma redonda.
- Rellenar 12 con la mezcla de nuez, 12 con la de ricota y 12 con la mermelada de ciruelas. Cerrar por la mitad formando empanaditas.
- Colocar una sobre otra en forma alternada dentro de un molde tipo savarín enmantecado de 28 cm de diámetro. Cubrir y dejar levar.
- Cocinar a temperatura moderada por espacio de 50 minutos.
- Una vez cocido, espolvorear con azúcar impalpable.

Palitos de anís

Ingredientes

100 g de manteca
75 g de azúcar
2 huevos
35 g de levadura
1 cucharada de miel
1 cucharadita de esencia de vainilla
1 cucharadita de esencia de anís
150 cc de leche
500 g de harina 000
1 cucharadita de sal
50 g de anís

- Colocar en un bol la manteca blanda, agregar el azúcar y mezclar con cuchara de madera hasta obtener una crema.
- Agregar los huevos, la levadura desgranada, la miel y las esencias. Continuar mezclando y verter la leche tibia. Por último incorporar la harina cernida con la sal, antes de integrar la masa agregar el anís y formar un bollo, amasarlo y dejar levar.
- Desgasificar sobre la mesa, estirar hasta que la masa tenga 2 cm de espesor y cortar rectángulos de 7 cm x 4 cm.
- Retorcerlos y estibarlos sobre placa enmatecada presionando las puntas para que no se deformen.
- Dejar levar, pintar con huevo batido y hornear a 180° C durante 20 minutos.
- Una vez cocidos, se pueden cubrir con *glacé*.

Pan bicolor dulce Paulina

1 pan grande

Ingredientes

45 g de levadura
1/2 taza de leche tibia
150 g de manteca
150 g de azúcar
1 limón
1 naranja
4 huevos
500 g de harina 0000
1/2 cucharadita de sal
50 g de cacao amargo

▼ Diluir la levadura con la leche, dejar espumar, agregar la manteca batida con el azúcar, la ralladura de piel de limón y de naranja y los huevos.

▼ Colocar la harina en forma de corona con la sal, acomodar en el centro el batido y tomar la masa, amasar bien y dividir en dos partes, una mayor que la otra.

▼ Al bollo más pequeño, agregarle el cacao, dejarlo leudar tapado en lugar tibio.

▼ Desgasificarlos y colocarlos tapados en heladera por lo menos 1 hora.

▼ Estirarlos dándoles forma rectangular hasta que alcancen el largo del molde de budín inglés o de pan.

▼ Sobre la masa blanca colocar la masa marrón, arrollar y colocar en el molde enmantecado y enharinado, dejar leudar, pincelar con manteca fundida y cocinar en horno moderado durante 50 minutos. Salsear con *glacé*.

Pan de Bremen

| 1 pan grande |

Ingredientes

400 g de harina 0000
1 pizca de sal
35 g de levadura
50 cc de leche
100 g de azúcar
200 g de manteca
1 cucharada de ralladura
de piel de limón

1/2 cucharadita de cardamomo
1 cucharadita de canela
100 g de pasas rubias y negras
100 g de nueces y almendras
picadas
1/2 copa de coñac o ron
100 g de crema de leche

- ❦ Cernir la harina con la sal y agregar la levadura formando un polvo, incorporar la leche tibia con 1 cucharada de azúcar, mezclar, tapar y dejar leudar unos minutos.
- ❦ Batir el azúcar con la manteca, añadirla a la masa, agregar la ralladura, las especias y las frutas picadas maceradas en el coñac o ron y la crema.
- ❦ Tomar la masa, si es necesario incorporar más harina, debe obtenerse una masa tierna y homogénea.
- ❦ Formar un bollo y dejar leudar tapado, darle forma de cilindro y acomodar en un molde alargado enmantecado y enharinado.
- ❦ Dejarlo leudar nuevamente y pincelar con manteca fundida, espolvorear con azúcar y cocinar en horno moderado 35 a 40 minutos.
- ❦ Pincelar con manteca fundida en el momento de sacar del horno.

Pan de chocolate

Ingredientes

FERMENTO
30 g de levadura
50 cc de leche tibia
1 cucharada de azúcar
1 cucharada de harina

MASA
2 huevos
90 g de azúcar

100 cc de leche tibia
120 g de manteca
1 cucharada de ralladura de naranja
500 g de harina
35 g de cacao amargo
1/2 cucharadita de sal
100 g de pasas de uva rubias
150 g de chocolate blanco

* Disolver la levadura en la leche tibia; agregar el azúcar y la harina. Batir y dejar espumar tapada por espacio de 10 minutos.
* Añadir luego el azúcar, los huevos, la leche tibia, la manteca blanda y la ralladura.
* Agregar de a poco la harina cernida con la sal y el cacao.
* Amasar, formar un bollo suave, cubrir y dejar levar hasta que duplique su volumen.
* Desgasificar sobre la mesa apenas enharinada y distribuir las pasas y el chocolate en trocitos.
* Dividir la masa en dos partes y formar dos cilindros. Adherirlos con un poco de leche y ubicar sobre una placa enmantecada. Cubrir y dejar levar.
* Pintar con yema batida con 2 cucharadas de leche y cocinar en horno moderado durante 40 minutos.

Pan de coco

1 pan grande

Ingredientes

250 g de coco seco rallado
400 cc de agua
60 g de azúcar
750 g de harina de trigo 0000
1 cucharadita de sal
35 g de levadura
150 g de yogur de vainilla

- Remojar el coco con el agua hirviendo y el azúcar, dejar esponjar. Aparte, mezclar 500 g de harina con la sal y la levadura formando un polvo, agregar el coco y el yogur.
- Tomar la masa con cuchara de madera o batidora, dejar leudar e incorporar el resto de harina. Tomar la masa, amasar bien, dar forma de hogaza y colocar en una tortera enmantecada y enharinada.
- Dejar leudar tapado, pincelar con huevo y espolvorear con coco.
- Cocinar en horno moderado 40 a 45 minutos.

Pan de Dresden (Stollen)

| 1 pan grande |

Ingredientes

FERMENTO
30 g de levadura
1 cucharada de azúcar
50 cc de leche
1 cucharada de harina 000

1 cucharadita de agua de azahar
500 g de harina 000
1 cucharadita de sal
1/2 cucharadita de canela
1/2 cucharadita de nuez moscada

MASA
130 g de manteca
130 g de azúcar
2 huevos
2 yemas
2 cucharadas de coñac

FRUTA
100 g de pasas de uva
50 g de nueces
50 g de almendras
50 g de cerezas

- Diluir la levadura con el azúcar, la leche tibia y la harina, cubrir y dejar espumar en lugar tibio, fuera de las corrientes de aire.
- Batir la manteca con el azúcar hasta obtener una crema, agregar de a uno los huevos, las yemas y perfumar con el coñac y el agua de azahar.
- Cernir la harina con la sal, la canela y la nuez moscada.
- Incorporar el fermento a la preparación de manteca, unir bien y agregar de a poco la harina hasta formar un bollo, amasar hasta que no se pegue en las manos.
- Colocar dentro de un bol enmantecado y dejar levar tapado hasta que haya aumentado el doble de su volumen, agregar las frutas cortadas amasando para que se distribuyan en forma pareja.
- Dejar descansar 20 minutos cubierto con polietileno, luego estirar hasta que la masa tenga 4 cm de espesor, dándole forma ovalada.
- Marcar la mitad, pincelar con huevo y doblar sobre sí misma como una empanada, dejando en la masa un reborde de menos de 2 cm. Acomodar sobre placa enmantecada, dejar levar, pincelar con una mezcla de huevo y leche y cocinar en horno moderado 45 minutos. Al retirarlo del horno, pincelar con abundante manteca derretida y espolvorear con azúcar impalpable; también se puede cubrir con *glacé* (véase pág. 20).

Notas

- Es tradicional en Alemania para las fiestas de Navidad y Año Nuevo.
- La masa obtenida debe tener buen cuerpo para que no se deforme durante la cocción.
- El stollen tradicional posee un solo tipo de fruta por ejemplo, almendras. Sin embargo, se puede variar de acuerdo con el gusto personal; pueden emplearse frutas abrillantadas o pasas de uva remojadas en alguna bebida alcohólica.
- Los *stollen* grandes deben cocinarse en horno moderado, pues de esa manera terminan de levarse y adquieren un mayor volumen; además toman color en forma gradual y la superficie no resulta gruesa ni oscura en exceso.
- Un buen stollen se destaca por ser atractivo a la vista, de miga tierna, húmedo y con excelente gusto a manteca y esencias.
- Una vez cocidos, deben ser cubiertos con manteca fundida y azúcar, lo que permitirá conservarlos por más tiempo envueltos en papel aluminio; esto, en lugar de perjudicar la calidad del pan, la favorece, pues el *stollen* recibe la humedad y el aroma de las frutas.

Pan de maíz dulce

2 panes

Ingredientes

4 huevos
50 g de levadura
75 g de azúcar
100 g de manteca
1 cucharadita de esencia de vainilla
1 cucharadita de esencia de limón
400 g de harina 000

100 g de harina de maíz
1/2 cucharadita de sal

VARIOS
500 g de crema pastelera
100 g de cerezas
100 g de azúcar grana

- Batir los huevos con la levadura y el azúcar, dejar reposar 10 minutos con el recipiente tapado, agregar entonces, siempre batiendo, la manteca blanda, las esencias y la harina de trigo mezclada con la harina de maíz y la sal, amasar muy bien.
- Enmantecar un bol, colocar el bollo de masa y cubrir con polietileno y luego con un lienzo, mantener en lugar templado hasta que la masa aumente el doble de su volumen.
- Cortar la masa en dos partes y darles forma de pan alargado.
- Acomodar éstos sobre placa enmantecada y enharinada; marcarles la parte superior con 2 o 3 hendiduras, utilizando el canto del cuchillo.
- Decorar con crema pastelera, colocar algunas cerezas y espolvorear con el azúcar grana.
- Pintar con huevo batido la parte de la masa que no tiene crema y hornear a fuego moderado durante 40 minutos. Una vez cocidos, abrillantar con mermelada reducida (véase pág. 20).

Pan de naranja

Ingredientes

FERMENTO
30 g de levadura
1 cucharada de azúcar
50 cc de agua tibia
1 cucharada de harina

MASA
2 huevos
50 g de azúcar
75 g de manteca
100 cc de jugo de naranja
2 cucharadas de ralladura de naranja
500 g de harina
1/2 cucharadita de sal

❦ Disolver la levadura con el azúcar y el agua tibia. Agregar la harina y batir. Cubrir con polietileno y dejar fermentar 10 minutos en lugar tibio.

❦ Colocar en un bol los huevos, el azúcar, la manteca blanda, el jugo de naranja tibio y la ralladura. Mezclar con cuchara de madera y añadir el fermento.

❦ Incorporar de a poco la harina cernida con la sal y formar un bollo suave. Amasar hasta que resulte liso y homogéneo. Cubrir y dejar levar hasta que duplique su volumen.

❦ Desgasificar sobre una mesa apenas enharinada y bollar. Colocar en un molde tipo bizcochuelo de 26 cm de diámetro previamente enmantecado. Cubrir con un lienzo y dejar levar.

❦ Pintar con huevo batido y manteca fundida. Cocinar a 180° C durante 40 minutos.

❦ Abrillantar con mermelada reducida y adherir azúcar grana o cascaritas de naranja abrillantadas.

Pan de nuez y avellanas

Ingredientes

FERMENTO
25 g de levadura
50 cc de agua
1 cucharada de harina

MASA
250 cc de agua
1 cucharadita de sal
50 g de azúcar
500 g de harina 000
50 g de nueces picadas
50 g de avellanas

- Diluir la levadura en el agua tibia, incorporar la harina y dejar espumar.
- Colocar en un bol los 250 cc de agua, la sal, el azúcar y el fermento. Añadir la harina y formar un bollo, sobar y dejar levar.
- Desgasificar e incorporar las nueces y avellanadas picadas, amasar y dividir en 3 partes.
- Darles forma de pan alargado y ubicar sobre placas enmantecadas, cubrir y dejar levar. Realizar un corte a lo largo y espolvorear con harina.
- Hornear a fuego moderado durante 30 minutos.

Pan de Pascua griego

Ingredientes

FERMENTO
40 g de levadura
50 cc de leche
I cucharadita de azúcar

MASA
100 g de azúcar
500 cc de agua
I cucharadita de ralladura de naranja
I kilo de harina 0000
I cucharadita de sal

VARIOS
100 g de semillas de sésamo
5 huevos crudos

▼ Disolver la levadura en la leche tibia, agregar el azúcar y dejar fermentar.

▼ Colocar en un bol el azúcar, agregar el agua a temperatura ambiente, el fermento y la ralladura. Incorporar de a poco la harina cernida con la sal y formar una masa, sobar, cubrir y dejar levar.

▼ Dividir la masa en 6 partes, 3 más pequeñas y formar cilindros. Realizar dos trenzas y ubicar la más chica sobre la grande.

▼ Disponer los huevos crudos en el centro a lo largo y dejar levar.

▼ Pincelar con huevo batido, espolvorear con semillas de sésamo y hornear a 200° C durante 50 minutos.

Pan dulce

Ingredientes

FERMENTO
80 g de levadura
100 cc de leche
1 cucharada de azúcar
50 g de harina 0000

1 cucharadita de ralladura de
naranja
1 kilo de harina 0000
1 cucharadita de sal
200 g de manteca

MASA
6 huevos
200 g de azúcar
1 cucharada de extracto de malta
1 cucharadita de esencia de vainilla
1 cucharadita de agua de azahar
1 cucharadita de ralladura de limón

FRUTA
200 g de fruta abrillantada
100 g de pasas de uva negras
100 g de pasas de uva rubias
100 g de nueces
50 g de almendras
50 g de castañas de Cajú
100 g de cerezas e higos

- Colocar la levadura en un bol, agregar la leche tibia, el azúcar y la harina, batir con batidor de alambre, cubrir con un lienzo y dejar fermentar.
- Colocar en otro recipiente los huevos, el azúcar, el extracto de malta, la esencia, el agua de azahar y las ralladuras.
- Mezclar apenas estos ingredientes para que se unan e incorporar el fermento, ir agregando la harina cernida con la sal, intercalando con la manteca blanda, pues de ese modo la levadura trabaja sin problemas.
- Formar un bollo y amasarlo por lo menos 10 minutos, colocar dentro de un bol enmantecado y dejar levar tapado.
- Desgasificar, abrirlo un poco con las manos y distribuir la fruta. Amasar, cortando la masa con cuchillo y encimando los trozos para que se distribuya bien la fruta. Formar un bollo y dejarlo reposar cubierto sobre la mesa 30 minutos.
- Cortar por la mitad y bollar, cubrir y dejar reposar 10 minutos.
- Volver a bollar y colocarlo dentro de un molde de papel (milanés) o sobre placas enmantecadas (genovés).

- Dejar levar bien, efectuarle cortes en forma de cruz al milanés o en triángulo al genovés.
- Pincelar con huevo batido y hornear a 180° C durante 50 minutos.
- Al retirar del horno, abrillantar con mermelada reducida o almíbar.

Consejos

- Si desea dejar levar el bollo toda la noche, es aconsejable disminuir la cantidad de levadura; en ese caso, utilizar 50 g.
- El extracto de malta debe ser disuelto antes de incorporarlo al amasijo, pues de esa forma se distribuye mejor en la masa.
- La manteca se coloca al final para permitir que la levadura fermente correctamente.
- No enharinar las frutas, ya que secarían demasiado el pan.
- Para que resulte húmedo hay que cuidar es el tiempo de cocción; si éste se prolonga, el pan resulta seco.
- El uso de extracto ayuda a conservar por algunos días el pan y le otorga un color especial.
- Si se desea, se puede incorporar 1 cucharada de miel.

Pan dulce Claudia de miel y chocolate

8 a 10 porciones

Ingredientes

35 g de levadura
65 cc de leche tibia
150 g de azúcar
2 huevos
75 g de manteca
1 cucharadita de extracto de malta
1 cucharada de ralladura de limón
2 cucharadas de coñac
1 cucharadita de esencia de vainilla

500 g de harina 0000
1/2 cucharadita de sal

RELLENO
50 g de manteca
3 cucharadas de miel
1 yema
4 cucharadas de cacao amargo
150 g de nueces y avellanas

▼ Diluir la levadura en la leche, dejar espumar y agregar batiendo y en forma alternada el azúcar, los huevos, la manteca a temperatura ambiente, el extracto, la ralladura, el coñac, la esencia y la harina.

▼ Amasar bien, dejar leudar en un bol tapado, colocar sobre la mesada, espolvorear con la sal, volver a amasar y dejar descansar tapado sobre la mesada 10 minutos.

▼ Derretir sobre fuego la manteca con la miel, dejar entibiar y mezclar con la yema y el cacao.

▼ Estirar la masa dándole forma rectangular y distribuir sobre ella la preparación, espolvorear con las frutas picadas, arrollar la masa y darle forma de espiral; acomodar en un molde de 20 a 22 cm de diámetro.

▼ Dejar leudar tapado en lugar tibio, pincelar con manteca derretida y cocinar en horno moderado durante 55 minutos.

▼ Salsear en caliente con azucarado (véase en pág. 195 Rosca mallorquina).

Pan dulce criollo

1 pan grande

Ingredientes

FERMENTO

40 g de levadura
100 cc de leche
1 cucharadita de azúcar
1 cucharada de harina 000

MASA

70 g de azúcar rubia
75 g de margarina
5 cucharadas de miel
1 cucharada de ralladura de limón
100 cc de leche
500 g de harina 000
1/2 cucharadita de sal
250 g de ciruelas pasas

▼ Disolver la levadura en la leche tibia; añadir el azúcar y la harina. Batir enérgicamente con batidor de alambre hasta que se formen burbujas; cubrir y dejar fermentar en lugar templado.

▼ Agregar luego, siempre batiendo con cuchara de madera, el azúcar rubia, la margarina blanda, la miel, la ralladura de limón y la leche tibia; incorporar de a poco la harina cernida con la sal y formar un bollo. Amasar hasta que resulte suave y homogéneo, cubrir y dejar levar hasta que duplique su volumen.

▼ Desgasificar sobre la mesa apenas enharinada, extender con las manos y distribuir las ciruelas pasas picadas.

▼ Amasar bien, formar un bollo y ponerlo sobre una placa engrasada. Cubrir con polietileno y lienzo y dejar levar.

▼ Pintar con huevo batido con leche y espolvorear con azúcar. Hornear en horno de temperatura moderada por espacio de 40 minutos.

Pan esponjoso Bossola

1 pan grande

Ingredientes

FERMENTO
40 g de levadura
100 cc de agua tibia
1 cucharadita de azúcar
1 cucharada de harina 0000

MASA
70 g de azúcar

2 yemas
2 huevos
50 cc de leche
1 cucharada de esencia vainilla
500 g de harina 0000
1 cucharadita de sal
50 g de manteca

- Disolver la levadura en el agua tibia; añadir el azúcar y la harina. Batir hasta que se formen burbujas en la superficie. Cubrir con polietileno y dejar fermentar 15 minutos.
- Agregar luego, siempre batiendo con cuchara de madera, el azúcar, las yemas, los huevos, la leche tibia y la esencia. Por último incorporar 400 g de harina cernida con la sal.
- Formar una masa, volcarla sobre la mesa apenas enharinada y sobarla hasta que resulte suave. Cubrir y dejar levar.
- Desgasificar la masa sobre la mesa y añadir la manteca blanda y el resto de harina. Unir bien estos ingredientes y formar nuevamente un bollo. Cubrir y dejar levar.
- Dar a la masa forma de cilindro y ubicarla en un molde savarín de 30 cm de diámetro, enmantecado. Cubrir y dejar levar hasta que duplique su volumen.
- Cocinar a temperatura moderada por espacio de 40 minutos.
- Una vez cocido, espolvorear con azúcar impalpable, o decorar con fondant y almendras fileteadas.

Pan madrileño

| 2 panes |

Ingredientes

FERMENTO
70 g de levadura
1 cucharada de azúcar
150 cc de leche tibia
100 g de harina

1 cucharada de esencia de vainilla
1 cucharadita de esencia de limón
1 kilo de harina 000
1 cucharadita de sal
150 g de manteca

MASA
3 huevos
300 cc de leche
170 g de azúcar
1 cucharada de extracto de malta

CUBIERTA
300 g de crema pastelera
200 g de coco rallado
250 g de azúcar

- Poner la levadura en un recipiente con el azúcar y la leche tibia, disolver bien e incorporar la harina. Batir con batidor o cuchara, cubrir con polietileno y dejar espumar.
- Colocar en un bol los huevos, la leche tibia, el azúcar, el extracto de malta y las esencias, unir los ingredientes y agregar el fermento.
- Incorporar de a poco la harina mezclada con la sal junto con la manteca blanda, formar una masa tierna, amasarla y dejarla levar tapada dentro del bol donde se la trabajó.
- Mezclar la crema pastelera con el coco y el azúcar hasta formar una pasta.
- Desgasificar la masa, cortar en dos partes y bollar. Colocar sobre placas enmantecadas y dejar levar. Pincelar con huevo batido y adherir con cuidado en forma abundante la pasta de coco.
- Cocinar a horno moderado (180º C) durante 40 minutos.

Nota
• Si no se desea colocar la pasta de coco se puede cortar los bollos, pincelarlos con huevo batido y espolvorear con azúcar impalpable.

Pan navideño americano

1 pan grande

Ingredientes

FERMENTO
35 g de levadura
100 cc de leche
1 cucharadita de azúcar
2 cucharadas de harina 0000

MASA
125 g de azúcar
2 huevos
1 cucharadita de esencia limón
1 cucharadita de esencia vainilla
1/2 cucharadita de agua de azahar

80 g de manteca
500 g de harina 0000
1/2 cucharadita de sal

RELLENO
50 g de manteca
4 cucharadas de miel
5 barritas de chocolate para taza
2 yemas
75 g de pasas de uva
75 g de fruta abrillantada
100 g de frutas secas

- Disolver la levadura en la leche tibia y el azúcar. Agregar la harina y batir. Cubrir y dejar fermentar en lugar tibio.
- Colocar en un bol el azúcar, los huevos, las esencias y el fermento. Mezclar con cuchara de madera y agregar de a poco la harina cernida con la sal mientras se intercala con la manteca blanda. Formar un bollo, amasar hasta que resulte suave, cubrir y dejar levar.
- Para preparar el relleno derretir en una cacerolita la manteca con la miel y el chocolate picado. Retirar y dejar enfriar. Agregar las yemas y reservar.
- Estirar la masa hasta que tenga 2 cm de espesor dándole forma rectangular.
- Untar la superficie con la salsa de chocolate, espolvorear con las frutas picadas y enrollar.
- Dar forma de espiral y ubicar sobre una placa enmanntecada; cubrir y dejar levar.
- Pintar con huevo batido y cocinar a temperatura moderada por espacio de 50 minutos.
- Una vez cocido, pintar la superficie del pan con un baño azucarado realizado con 3 cucharadas de azúcar impalpable mezcladas con 1 cucharada de jugo de limón y agua caliente en cantidad necesaria como para obtener un baño espeso.

Pan navideño de amapola

| 1 pan grande |

Ingredientes

25 g de levadura
70 g de azúcar
100 cc de leche
3 huevos
100 g de manteca
50 g de almendras picadas
1 cucharadita de ralladura de limón

500 g de harina 0000
1/2 cucharadita de sal

RELLENO
300 g de semillas de amapola
2 tazas de crema pastelera
(véase pág. 210)
50 g de azúcar

▼ Colocar la levadura en un bol, agregar el azúcar, la leche y los huevos, mezclar para disolver la levadura y agregar la manteca blanda, las almendras picadas y la ralladura de limón.

▼ Incorporar de a poco la harina cernida con la sal y formar un bollo, amasar hasta que resulte suave, cubrir y dejar levar.

▼ Mezclar las semillas de amapola con la crema pastelera y el azúcar.

▼ Estirar la masa dándole forma rectangular, extender la crema y arrollar en forma de palmera, es decir, los extremos opuestos hasta unirlos en el centro, colocar sobre una placa enmantecada, cubrir y dejar puntear.

▼ Cocinar en horno moderado 40 minutos, dejar entibiar y cubrir con glacé (véase pág. 20), adherir almendras o maní fileteado.

Pan trenzado relleno

2 panes

Ingredientes

30 g de levadura
1 huevo
1 cucharadita de extracto de malta
100 cc de leche
100 g de manteca
1 cucharada de miel
100 g de azúcar
1 cucharadita de esencia de limón
1/2 copita de coñac
500 g de harina 0000

1 cucharadita de sal

RELLENO
500 g de ricota
3 cucharadas de azúcar
2 cucharadas de fécula de maíz
3 mitades de duraznos
1 cucharadita de ralladura
de naranja
50 g de pasas remojadas

- Colocar dentro de un bol la levadura desgranada, agregar el huevo y 1 cucharada de azúcar (retirada del total), batir y dejar reposar 10 minutos.
- Diluir el extracto de malta en la leche y poner dentro de un bol grande. Incorporar la manteca blanda, la miel, el azúcar, la esencia de limón y el coñac.
- Añadir la levadura ya espumada y mezclar con cuchara de madera, ir agregando de a poco la harina cernida con la sal y formar un bollo, sobar hasta que resulte liso.
- Colocar en un bol enmantecado y enharinado, dejar levar tapado.
- Aparte mezclar la ricota con el azúcar y la fécula, añadir los duraznos cortados en trozos pequeños, la ralladura de naranja y las pasas remojadas y escurridas.
- Dividir la masa en dos partes, estirar una de ellas dándole forma rectangular y colocar a lo largo la mitad del relleno en el centro, realizar cortes en la masa desde el relleno hacia el borde.
- Doblar las tiras de masa en forma alternada cubriendo el relleno. Realizar lo mismo con el otro trozo de masa.
- Ubicar los panes en placas enmantecadas. Dejar levar, pincelar con huevo batido y espolvorear con azúcar.
- Cocinar en horno moderado (180° C) durante 40 minutos.

Variante

❧ Una vez estirada la masa en forma rectangular, extender en el centro y a lo largo una capa de crema pastelera espesa perfumada al marraschino; sobre ésta, ubicar algunas frambuesas u otro tipo de fruta roja bien escurrida; espolvorear con azúcar impalpable y cortar la masa como ya se indicó. Hornear del mismo modo. Una vez cocido, espolvorear enseguida con azúcar impalpable.

Notas

• Tanto el extracto de malta como la miel otorgan humedad a la miga y le confieren un buen sabor y color.

• Las esencias frutales pueden reemplazarse por ralladuras de naranja o limón.

• Para masas dulces, utilizar harina 0000, ya que de esa manera con menor trabajo de amasado resultan panes más livianos y mejor fermentados, de miga más suave y alveolada.

Pan trenzado de durazno

1 pan grande

Ingredientes

FERMENTO
35 g de levadura
50 cc de leche
1 cucharadita de azúcar
1 cucharada de harina

MASA
65 g de azúcar

3 huevos
50 g de almendras picadas
1 cucharada de ralladura de limón
200 g de duraznos picados
1 copita de licor Apricot
500 g de harina 0000
1/2 cucharadita de sal
80 g de manteca

- Diluir la levadura en la leche tibia, agregar el azúcar y la harina, mezclar con batidor de alambre, cubrir y dejar levar.
- Colocar en un bol el azúcar, los huevos, las almendras, la ralladura de limón, los duraznos picados y el licor, añadir el fermento y mezclar.
- Incorporar de a poco la harina cernida con la sal y la manteca blanda. Formar una masa de regular consistencia, sobarla poco y dejar levar.
- Dividir la masa en tres partes, estirar cada una de ellas en forma de cilindro y formar una trenza.
- Enmantecar un molde para budín inglés y ubicar dentro de él la trenza, cubrir y dejar levar.
- Hornear a temperatura moderada durante 40 minutos. Una vez cocida, pincelar la superficie con manteca fundida y espolvorear con abundante azúcar impalpable.

Pancitos alemanes con pasas

| 1 docena |

Ingredientes

20 g de levadura
65 g de azúcar
2 yemas
1 pizca de canela
1 cucharadita de ralladura de limón
200 cc de leche
80 g de manteca

100 g de pasas remojadas
500 g de harina 000

VARIOS
250 g de crema chantillí
cantidad necesaria de azúcar
impalpable

- Deshacer la levadura con las manos dentro de un bol, agregar el azúcar, las yemas, la canela, la ralladura, la leche tibia y la manteca bien blanda, mezclar bien y agregar las pasas remojadas.
- Incorporar de a poco la harina previamente tamizada con 1/2 cucharadita de sal, formar un bollo, amasarlo y dejarlo levar.
- Dividir la masa en 12 porciones y bollarlas, poner los pancitos sobre una placa enmantecada y dejar levar.
- Pincelar con una mezcla de huevo y leche y cocinar a temperatura moderada durante 20 minutos.
- Dejarlos enfriar, abrirlos, colocar la crema chantillí en una manga con boquilla rizada y rellenar. Espolvorear con azúcar impalpable.

Pancitos *brioches* azucarados

| 15 pancitos |

Ingredientes

25 g de levadura
1 cucharadita de azúcar
50 cc de leche
3 huevos
500 g de harina 0000
1 cucharadita de sal
125 g de manteca

- Diluir la levadura con el azúcar y la leche tibia, cubrir y dejar fementar 15 minutos.
- Agregar los huevos y 375 g de harina cernida con la sal, amasar y dejar levar.
- Incorporar la manteca fría pero blanda y el resto de harina, amasar y dejar levar.
- Tomar porciones de 40 g y formar bollitos, colocarlos sobre placa enmantecada y dejar levar.
- Pintar con huevo batido y espolvorear con azúcar, cocinar en horno caliente durante 20 minutos.

Pancitos de miel

Ingredientes

35 g de levadura
100 cc de agua tibia
40 g de leche en polvo
1 huevo
2 yemas
125 g de miel

125 g de manteca
1 pizca de clavo de olor molido
1/4 de cucharadita de canela
30 g de azúcar
500 g de harina
1/2 cucharadita de sal

- Disolver la levadura en el agua tibia.
- Mezclar la leche en polvo con el huevo, las yemas y la miel.
- Agregar esta preparación a la de levadura. Unir bien y añadir la manteca blanda, el clavo de olor molido, la canela y el azúcar. Incorporar de a poco la harina cernida con la sal y formar la masa.
- Amasar hasta que resulte suave, cubrir y dejar levar.
- Desgasificar y tomar porciones de 40 g, bollarlas y ubicar sobre una placa enmantecada; efectuar unos cortes en cruz, cubrir y dejar levar.
- Pintar con huevo batido mezclado con crema de leche.
- Hornear a 200° C durante 25 minutos.

Pannetone

I pan

Ingredientes

FERMENTO
35 g de levadura
150 cc de leche
15 g de azúcar
250 g de harina 000

MASA
70 g de azúcar
50 g de miel
3 yemas

125 cc de leche
1 cucharadita de ralladura de limón
1 cucharadita de ralladura de naranja
250 g de harina 000
1/2 cucharadita de sal
100 g de manteca
150 g de fruta abrillantada remojada y escurrida

▼ Diluir la levadura en la leche tibia y el azúcar, incorporar la harina y formar un bollo, amasar y dejar levar.

▼ Mezclar el azúcar con la miel, las yemas, la leche tibia y las ralladuras.

▼ Agregar el bollo de levadura, la manteca y por último la harina cernida con la sal, integrar bien los ingredientes hasta lograr una masa tierna.

▼ Sobar, cubrir y dejar levar, desgasificar e incorporar la fruta. Formar un bollo y colocarlo dentro de un molde de papel enmantecado (de 1 kilo).

▼ Dejar levar, pintar con huevo batido y realizar un corte en forma de cruz. Cocinar a 180° C durante 45 minutos.

Rollitos en blanco y negro

Ingredientes

500 g de harina
1 cucharadita de sal
35 g de levadura
150 cc de leche tibia
100 g de azúcar
2 huevos

85 g de margarina
1 cucharadita de esencia de naranja
50 g de cacao en polvo
200 g de mermelada de ciruelas
3 manzanas verdes
1 cucharadita de canela

▼ Colocar en un bol la harina cernida con la sal; hacer un hueco y colocar allí la levadura disuelta en 50 cc de leche tibia y 1 cucharadita de azúcar. Cubrir y dejar espumar.

▼ Añadir luego el resto de leche tibia, el azúcar, los huevos, la margarina blanda y la esencia. Mezclar con cuchara de madera e ir tomando de a poco la harina de los bordes hasta formar un bollo. Amasar hasta que resulte suave, cubrir y dejar levar.

▼ Desgasificar, dividir la masa en dos partes y agregar a una de ellas el cacao en polvo.

▼ Estirar la masa blanca dándole forma rectangular, untar con la mermelada de ciruelas y distribuir por encima las manzanas cocidas y cortadas en pequeños cuadrados.

▼ Espolvorear con la canela y cubrir con la masa de cacao, previamente estirada del mismo tamaño que la blanca. Enrollar, cortar porciones y ubicarlas sobre placas enmantecadas. Cubrir y dejar levar.

▼ Pintar con huevo batido y hornear a temperatura moderada durante 20 minutos.

▼ Una vez cocidos, espolvorear apenas con azúcar impalpable.

Rollo de avellanas

Ingredientes

FERMENTO
35 g de levadura
50 cc de leche tibia
1 cucharada de azúcar
1 cucharada de harina

MASA
2 yemas
150 cc de leche tibia
80 g de azúcar
125 g de manteca

500 g de harina
1 cucharadita de sal

RELLENO
200 g de avellanas
100 g de galletitas molidas
100 g de azúcar
1/2 cucharadita de canela
50 g de chocolate
1/2 copita de ron
50 cc de leche
2 claras

☙ Disolver la levadura en la leche tibia; agregar el azúcar y la harina. Batir enérgicamente, cubrir con polietileno y dejar fermentar en lugar durante tibio 10 minutos.

☙ Colocar en un bol las yemas, la leche tibia, el azúcar y la manteca blanda. Mezclar con cuchara de madera para unir todos los ingredientes y agregar el fermento.

☙ Añadir de a poco la harina cernida con la sal. Formar un bollo, amasar hasta que resulte suave y homogéneo; cubrir y dejar levar hasta que duplique su volumen.

☙ Para preparar el relleno procesar las avellanas junto con las galletitas y el azúcar. Agregar la canela y el chocolate rallado. Perfumar con el ron y la leche caliente. Incorporar suavemente las claras batidas a nieve.

☙ Desgasificar la masa, estirarla dándole forma de rectángulo de aproximadamente 40 x 50 cm. Distribuir el relleno por encima.

☙ Enrollar la masa y ubicarla sobre una placa enmantecada. Cubrir con un lienzo y dejar levar.

☙ Pintar con huevo batido y cocinar a temperatura moderada por espacio de 30 minutos.

☙ Una vez cocido y frío espolvorear con azúcar impalpable.

Rollo del Tirol

12 porciones

Ingredientes

35 g de levadura
200 cc de leche
150 g de azúcar
2 yemas
1 huevo
125 g de manteca
500 g de harina 0000
1 pizca de sal

cantidad necesaria de canela, clavo
de olor y cardamomo
100 g de almendras
200 g de pasta de almendras o
mazapán
75 g de fruta abrillantada
2 cucharadas de licor kirsch
cantidad necesaria de azúcar
impalpable

- Diluir la levadura en la leche tibia, agregar una cucharada de azúcar y dejar espumar y agregar las yemas y el huevo, el azúcar, la manteca a temperatura ambiente y la harina cernida con la sal, 1 cucharadita de canela y una pizca de clavo de olor y de cardamomo.
- Agregar la mitad de las almendras tostadas y molidas, amasar bien y dejar leudar tapada en lugar tibio.
- Aparte, amasar la pasta de almendras con las frutas abrillantadas picadas maceradas con el kirsch, agregar el azúcar impalpable hasta formar una pasta y darle forma de cilindro.
- Estirar la masa hasta que tenga 1 cm de espesor dándole forma rectangular, colocar en un extremo el rollo de mazapán, arrollar y cerrar los extremos, colocar sobre placa enmantecada, dejar leudar tapado con un lienzo.
- Pincelar con manteca fundida y espolvorear con almendras fileteadas, dejar leudar y cocinar en horno moderado durante 45 minutos.
- Al retirar del horno, volver a pincelar con manteca fundida, servirlo espolvoreado con azúcar impalpable.

Rollo sueco

Ingredientes

30 g de levadura
100 cc de agua tibia
2 huevos
85 g de azúcar
2 cucharadas de crema de leche
1 cucharada de coñac
2 cucharadas de azúcar negra

75 g de manteca
500 g de harina
1/2 cucharadita de sal
100 g de pasas de uva picadas
50 g de nueces picadas

- Disolver la levadura en el agua tibia; agregar los huevos, el azúcar, la crema de leche, el coñac y el azúcar negra. Mezclar con cuchara de madera e ir incorporando de a poco la harina cernida con la sal, mientras se intercala con la manteca blanda.
- Formar un bollo, amasar hasta que resulte suave y liso. Cubrir y dejar levar en lugar templado.
- Desgasificar y añadir las frutas picadas. Dividir la masa en dos partes y arrollarlas.
- Colocarlas en moldes "tronco de árbol" enmantecados. Cubrir y dejar levar hasta las 3/4 partes del molde.
- Cocinar a temperatura moderada durante 40 minutos.
- Desmoldar sobre rejilla de alambre y dejar enfriar. Bañar con chocolate cobertura y aherir algunas nueces mariposa.

Nota

- En caso de no tener moldes "tronco de árbol" se pueden utilizar los de budín inglés.

Rosca de Reyes

1 rosca grande

Ingredientes

FERMENTO
2 huevos
35 g de levadura
1 cucharadita de azúcar
200 g de harina 000

MASA
75 g de azúcar

2 huevos
1 cucharada de esencia de vainilla
1 cucharadita de esencia de limón
1 cucharadita de esencia de
naranja
1 cucharadita de extracto de malta
100 g de manteca
300 g de harina 000
1 cucharadita de sal

- ♥ Batir con batidora eléctrica los huevos con la levadura, agregar el azúcar y la harina, formar un bollo y dejarlo leudar tapado.
- ♥ Incorporar el azúcar, los huevos, las esencias, el extracto de malta y la manteca blanda.
- ♥ Por último agregar la harina cernida con la sal, formar un bollo, amasarlo y colocarlo sobre la mesa, cubrirlo con un polietileno y dejar descansar 30 minutos.
- ♥ Con ayuda de los dedos, realizar un hueco en el centro e ir agrandándolo hasta formar una rosca.
- ♥ Colocarla en una tartera enmantecada, cubrirla y dejarla levar. Una vez duplicado su volumen, decorar con la crema pastelera (véase pág. 210) puesta en manga con boquilla rizada, decorar con cerezas e higos cortados.
- ♥ Pincelar con huevo batido la parte que no fue cubierta con la crema pastelera y espolvorear con azúcar grana.
- ♥ Hornear a 180° C durante 30 minutos. Al retirar del horno, pincelar con mermelada reducida o almíbar fuerte (véase pág. 20)

Rosca glaseada

1 rosca grande

Ingredientes

MASA
30 g de levadura
200 cc de leche
50 g de azúcar
2 yemas
1 cucharadita de ralladura de limón
80 g de manteca
500 g de harina 0000

1 cucharadita de sal

RELLENO
200 g de mazapán
2 claras
2 cucharadas de azúcar
100 g de nueces picadas
1/2 copita de ron

⚘ Colocar la levadura en un recipiente y disolverla con un poco de leche tibia, agregarle 1 cucharadita de azúcar y dejar reposar 10 minutos.

⚘ Mezclar en un bol el resto de leche, el azúcar, las yemas, la ralladura de limón y la manteca a temperatura ambiente, luego incorporar la levadura ya fermentada.

⚘ Ir agregando de a poco la harina cernida con la sal y formar un bollo.

⚘ Amasar bien hasta que resulte liso y no se pegue en las manos (si fuera necesario, agregar un poco más de harina).

⚘ Dejar levar cubierto con un polietileno y sobre éste un lienzo.

⚘ Mezclar el mazapán con las claras, añadir el azúcar, las nueces picadas y el ron o esencia de vainilla o de almendras.

⚘ Dividir la masa en dos partes, estirarlas dándoles forma rectangular y esparcir sobre ellas el relleno, arrollar y unir las dos masas en un extremo, enroscarlas entre sí y formar la rosca.

⚘ Colocarla sobre una placa enmantecada, cubrirla con polietileno y dejar levar.

⚘ Pincelar con huevo batido y hornear a temperatura moderada durante 40 minutos. Dejarla entibiar y cubrir con glacé (véase pág. 20).

Rosca de ciruelas negras

Ingredientes

25 g de levadura

150 cc de jugo de naranja

1 cucharada de ralladura de naranja

130 g de azúcar

1 cucharadita de esencia de vainilla

70 g de manteca

1/2 cucharada de canela

2 huevos

500 g de harina 0000

10 de ciruelas negras descarozadas

❧ En un bol diluir la levadura en el jugo de naranja tibio.

❧ Agregar, a medida que se bate, la ralladura de naranja, el azúcar, la esencia, la manteca blanda, la canela y los huevos. Por último, incorporar la harina y formar una pasta.

❧ Colocar una parte en un molde savarín de 26 cm enmantecado y enharinado.

❧ Distribuir las ciruelas, cubrir con el resto de la pasta y dejar levar hasta que llegue casi al borde.

❧ Cocinar en horno moderado durante 55 minutos, cubrir con *glacé* (véase pág. 20).

Rosca mallorquina

| 1 rosca |

Ingredientes

FERMENTO
40 g de levadura de cerveza
150 cc de leche tibia
1 cucharada de azúcar

MASA
150 g de azúcar
2 huevos
2 yemas

400 g de harina 0000

VARIOS
100 g de grasa de cerdo
4 cucharadas de dulce hilado de cayote
4 cucharadas de azúcar impalpable
cantidad necesaria de jugo de limón

▼ Preparar el fermento con la levadura, la leche tibia y el azúcar, dejar espumar.

▼ Mezclar el azúcar con los huevos, las yemas, el fermento y la harina.

▼ Tomar la masa, amasar bien, colocar en un bol enmantecado, tapar y dejar leudar. Cuando la masa haya leudado, dividir en dos partes, estirar cada una de ellas bien fina y en forma de rectángulo de 40 a 45 cm de largo.

▼ Untar cada rectángulo de masa con la grasa blanda, extender encima el dulce de cayote, arrollar cada tira de base cubriendo el dulce.

▼ Se obtienen 2 cilindros largos, unirlos por un extremo y arrollarlos entre sí como un cordón.

▼ Acomodar en un molde con tubo central, uniendo los extremos para formar una rosca; tapar con un lienzo y dejar leudar por lo menos 1 hora.

▼ Luego, cocinar en horno moderado durante 45 minutos.

▼ Preparar el azucarado mezclando el azúcar con jugo de limón hasta formar una salsa espesa y al retirar la rosca del horno pincelarla en caliente.

Nota

• Se puede reemplazar el dulce hilado de cayote por dulce de zapallo.

Rosca morena

1 rosca

Ingredientes

25 g de levadura
250 cc de leche
2 huevos
80 g de azúcar blanca
2 cucharadas de azúcar negra
10 g de sal
1 cucharada de esencia de vainilla

80 g de manteca
1 cucharadita de extracto de malta
500 g de harina 0000

RELLENO
300 g de ciruelas pasas
50 g de azúcar
1/2 taza de nueces

- Diluir la levadura en la mitad de la leche a temperatura ambiente.
- Incorporar los huevos, el azúcar blanca y negra, la sal, la esencia, la manteca blanda y el extracto de malta previamente disuelto en el resto de la leche.
- Agregar de a poco la harina, formar un bollo y amasar bien hasta que resulte liso.
- Colocarlo en un bol, cubrirlo con un lienzo y dejarlo levar aproximadamente 1 hora.
- Desgasificar, estirar dándole forma rectangular y esparcir las ciruelas picadas mezcladas con el azúcar y las nueces picadas. Formar un cilindro y unir los extremos formando la rosca.
- Colocarla sobre placa enmantecada y dejar levar hasta que aumente el doble de su volumen.
- Pincelar con huevo batido y cocinar en horno moderado, preferentemente con vapor, durante 30 minutos, al retirarlo del horno, pincelar con almíbar o mermelada reducida (véase pág. 20) y cubrir con unas líneas de chocolate blanco.

Rosca vienesa

I rosca

Ingredientes

30 g de levadura
I40 cc de agua
I00 g de azúcar
2 huevos
40 g de leche en polvo
I cucharadita de extracto de malta
80 g de manteca
I cucharadita de esencia de vainilla

I cucharada de ralladuras de
naranja y limón
500 g de harina 0000
I cucharadita de sal

RELLENO
I taza de crema pastelera espesa
50 g de nueces

- Disolver la levadura en el agua a temperatura ambiente, agregar el azúcar, los huevos, la leche en polvo, el extracto de malta previamente diluido, la manteca blanda, la esencia y las ralladuras.
- Mezclar bien e incorporar la harina cernida con la sal. Hacer un bollo y amasar bien hasta que resulte blando y liso, colocar en un bol y dejar descansar 1 hora.
- Estirar con palote dándole forma rectangular y cortar la masa en dos partes si desea obtener una rosca grande o en cuatro si desea realizar dos roscas medianas.
- Esparcir una capa de crema pastelera sin llegar hasta los bordes, distribuir algunas nueces picadas y cerrar bien cada rectángulo de masa, formar rollos y enroscarlos entre sí.
- Unir los extremos formando la rosca y colocar sobre una placa enmantecada, dejar levar bien, pincelar con huevo batido y cocinar en horno caliente durante 20 minutos.
- Una vez cocida, abrillantar con mermelada reducida (véase pág. 20), salsear con *glacé* (véase pág. 20) o chocolate cobertura, y distribuir algunas almendras fileteadas.

Torta de bollitos

1 torta grande

Ingredientes

MASA
35 g de levadura
2 huevos
130 g de azúcar
120 g de manteca
150 cc de leche tibia
1 cucharadita de especias para repostería
500 g de harina 0000
1/2 cucharadita de sal

RELLENO
150 g de avellanas
200 g de bizcochos dulces
100 g de azúcar
150 g de manteca derretida para pintar

- Desgranar en un bol la levadura, agregar los huevos, el azúcar, la manteca blanda, la leche tibia y las especias.
- Mezclar y agregar de a poco la harina cernida con la sal, a medida que se bate con cuchara de madera. Tapar y dejar llevar hasta que duplique su volumen.
- Para preparar el relleno procesar las avellanas con los bizcochos y el azúcar.
- Dividir la masa en 10 bollitos y estirarlos dándoles forma redonda.
- Pintar con manteca derretida y tibia; adherir un poco de relleno, cerrar y bollar.
- Ubicarlos en un molde savarín de 26 cm de diámetro enmantecado. Cubrir y dejar levar.
- Pintar con huevo batido y espolvorear con azúcar. Hornear a temperatura moderada durante 40 minutos.

Trencitas almendradas

Ingredientes

FERMENTO
40 g de levadura
100 cc de agua
1 cucharadita de azúcar
75 g de harina

MASA
150 cc de leche tibia
120 g de azúcar

100 g de manteca
3 yemas
1 cucharadita de esencia de
almendras
1 cucharada de ron
500 g de harina
1/2 cucharadita de sal

100 g de almendras fileteadas

▼ Disolver la levadura en el agua tibia; agregar el azúcar y la harina. Batir enérgicamente hasta que se formen burbujas. Cubrir con polietileno y dejar fermentar 10 minutos.

▼ Colocar en un bol la leche tibia junto con el azúcar, la manteca blanda, las yemas, la esencica y el ron.

▼ Mezclar con cuchara de madera y añadir el fermento. Por último agregar la harina cernida con la sal.

▼ Formar un bollo, amasar hasta que resulte homogéneo, cubrir y dejar levar en lugar tibio.

▼ Dividir la masa en 36 bollitos, alargar cada uno de ellos y unir de a tres formando trenzas pequeñas.

▼ Ubicar sobre placas enmantecadas, cubrir y dejar levar.

▼ Pintar con huevo batido y adherir algunas almendras fileteadas.

▼ Cocinar a temperatura de 200° C por espacio de 20 minutos.

▼ Una vez cocidas, apenas salidas del horno bañar con un *glacé* de limón tibio.

Trenza de miel y pasas

Ingredientes

75 g de levadura
100 cc de agua tibia
100 g de azúcar
150 cc de leche tibia
5 cucharadas de miel
3 huevos
120 g de manteca
1 cucharada de ralladura limón`
1 cucharada de esencia vainilla
1 kilo de harina
1 cucharadita de sal
200 g de pasas de uva

▼ Disolver la levadura en el agua tibia; agregar el azúcar, la leche tibia, la miel blanda, los huevos, la manteca blanda, la ralladura de limón y la esencia.

▼ Mezclar con cuchara de madera e ir incorporando de a poco la harina cernida con la sal. Formar un bollo, amasar hasta que resulte suave, cubrir y dejar levar en lugar templado hasta que duplique su volumen.

▼ Desgasificar e incorporar las pasas previamente remojadas en ron y bien escurridas. Volver a amasar para distribuir bien la fruta y agregar un poco más de harina si fuera necesario.

▼ Dividir en 9 bollitos y estirarlos dándoles forma cilíndrica. Unir de a tres para formar las trenzas. Colocar sobre placas enmantecadas, cubrir y dejar levar.

▼ Pintar con huevo y azúcar y hornear a temperatura moderada por espacio de 35 minutos. Una vez cocidas decorar con fondant o azúcar impalpable.

Trenza rusa

Ingredientes

20 g de levadura de cerveza
200 cc de leche
50 g de azúcar
2 huevos
100 g de manteca
500 g de harina 000
1/2 cucharadita de sal

RELLENO
75 g de almendras o avellanas
molidas

75 g de bizcochos molidos
150 g de azúcar
1 cucharadita de canela
1 cucharadita de ralladura de piel
de limón
1 huevo
cantidad necesaria de leche
1 cucharadita de esencia de
almendras

▼ Diluir la levadura en la leche tibia, agregar el azúcar, los huevos, la manteca a temperatura ambiente y la harina cernida con la sal, tomar la masa, amasar bien y dejar leudar tapada 20 minutos.

▼ Dividir en dos partes, estirar formando 2 rectángulos de aproximadamente 35 x 20 cm.

▼ Aparte, mezclar las almendras o avellanas molidas, los bizcochos, el azúcar, la canela, la ralladura y el huevo, agregar unas cucharadas de leche para formar una pasta consistente y perfumar con la esencia.

▼ Extender la mitad del relleno sobre un rectángulo de masa, arrollar sobre el lado más largo y cortar por la mitad dejando unido un borde. Colocar el corte hacia arriba, entrecruzar ambas partes y unir el extremo inferior (véanse dibujos). Realizar la misma operación en el otro rectángulo.

▼ Acomodar las trenzas en una placa enmantecada, dejarlas leudar, pincelarlas con huevo y, si se desea, espolvorearlas con almendras fileteadas.

▼ Cocinar en horno moderado (200º C) durante 30 minutos.

▼ Una vez cocidas bañadas con *glacé*.

Trenzas alemanas

| 2 trenzas |

Ingredientes

FERMENTO
25 g de levadura
50 cc de leche
1 cucharadita de azúcar
1 cucharada de harina 000

MASA
250 g de papas cocidas y pisadas

70 g de manteca
2 huevos
50 g de azúcar
500 g de harina 000
1 cucharadita de sal
100 g de pasas rubias
(remojadas y escurridas)

▼ Diluir la levadura en leche tibia, incorporar el azúcar y la harina, cubrir y dejar fermentar.

▼ Añadir las papas pisadas, la manteca, los huevos y el azúcar. Agregar la harina cernida con la sal y formar una masa suave. Amasar, dejar levar cubierta en lugar tibio.

▼ Desgasificar y agregar las pasas escurridas, cortar en tiras y realizar las trenzas elegidas (véanse dibujo).

▼ Acomodar sobre placas enmantecadas, dejar puntear en lugar tibio, pincelar con huevo batido y espolvorear con azúcar.

▼ Hornear a temperatura moderada durante 30 minutos.

Notas

• También pueden espolvorearse con semillas de sésamo o amapola.
• Otra forma de presentarlas es hacer 4 trenzas, 2 más chicas y 2 más grandes y encimarlas. Dejar levar y cocinar de la manera indicada.

Facturas

Berlinesas

2 docenas

Ingredientes

FERMENTO
25 g de levadura
1 cucharadita de azúcar
50 cc de leche

MASA
1 huevo
2 yemas
50 g de azúcar
150 cc de leche

60 g de manteca
1 cucharadita de esencia de vainilla
1 cucharadita de ralladura de limón
500 g de harina 000
15 g de sal

VARIOS
200 g de dulce de membrillo
Aceite y/o grasa para freír
Azúcar para espolvorear
1 clara de huevo

❧ Disolver la levadura en la leche tibia junto con el azúcar; dejar fermentar tapada 10 minutos.

❧ Colocar en un bol el huevo, las yemas, el azúcar, la leche tibia y la manteca blanda, perfumar con la esencia y la ralladura, luego añadir el fermento.

❧ Mezclar con cuchara de madera o gancho amasador de la batidora e ir incorporando de a poco la harina cernida con la sal. Formar un bollo, sobarlo y dejar levar en lugar tibio.

❧ Tomar porciones de 40 g, bollar y acomodarlas sobre placas solamente enmantecadas ya que la harina se quemaría en el aceite. Dejar levar.

❧ Freír en aceite, aceite y grasa o grasa sola no demasiado caliente para no arrebatar la masa.

❧ Cocinar las berlinesas boca abajo, es decir, colocar en el aceite la parte que no estuvo apoyada, una vez doradas de un lado, darlas vuelta y cocinar del otro lado.

❧ Escurrir sobre un papel absorbente y espolvorear con azúcar.

❧ Si se desea rellenar las berlinesas, introducir por un costado la boquilla de una manga con crema pastelera o dulce de leche repostero (como la masa es muy liviana y esponjosa, el relleno se introduce sin dificultad).

Variantes

Krapfen

▼ Estirar la masa hasta que alcance 1cm de espesor, cortar medallones con cortapastas de 5 cm de diámetro. Colocar un trocito de dulce de membrillo en el centro de cada medallón, pincelar los bordes con clara batida y tapar con otro medallón, presionando el reborde para que al freírlos no se abran. Acomodar sobre placas enmantecadas y dejar levar.

Donnas

▼ Tomar porciones de 40 g, ahuecarlas, dar la forma, dejar levar y freír como las berlinesas.

▼ Una vez cocidas, cortar en forma horizontal, rellenar y decorar a gusto.

A continuación les brindamos diferentes posibilidades de rellenos y baños.

▼ Rellenar con mermelada de frambuesas. Espolvorear con azúcar impalpable y servir.

▼ Rellenar con crema pastelera; derretir chocolate cobertura negro y bañar la superficie.

▼ Agregar a una crema pastelera 4 barritas de chocolate para taza disueltas en 100 cc de leche y 1 cucharadita de manteca; rellenar las *donnas* y decorar con chocolate blanco.

▼ Bañar las piezas ya cocidas en *glacé* liviano. Adherir algunas almendras fileteadas o maní.

▼ Rallar 3 barritas de chocolate para taza y mezclarlas con 250 cc de crema chantillí. Rellenar las *donnas* y espolvorear con cacao amargo.

Factura alemana

Ingredientes

MASA

40 g de levadura
200 cc de leche fría
2 huevos
100 g de azúcar
1 cucharadita de manteca
1 cucharadita de extracto de malta
1/2 kilo de harina 0000
1 cucharadita de sal

EMPASTE

500 g de manteca

100 g de harina

RELLENOS

500 g de ricota
75 g de azúcar
1 huevo
2 duraznos
50 g de almendras
50 g de nueces

50 g de cerezas
1 taza de crema pastelera

▼ Colocar dentro de un bol la levadura desgranada junto con la leche fría, los huevos, el azúcar, la manteca blanda y el extracto de malta.

▼ Mezclar estos ingredientes e ir agregando de a poco la harina cernida con la sal. Formar un bollo, amasarlo y llevarlo a la heladera cubierto con polietileno por espacio de 30 minutos.

▼ Para hacer el empaste, unir la manteca a temperatura ambiente con la harina.

▼ Estirar la masa hasta que tenga 2 cm de espesor, untar las 2/3 partes de la masa con el empaste, doblar la parte que no fue enmantecada sobre la que está untada y luego la otra parte sobre ésta, es decir en 3 partes (véase dibujo 1).

▼ Cubrir con polietileno y llevar a heladera 30 minutos, retirar y volver a repetir el paso anterior. Cubrir y dejar reposar en la heladera toda una noche.

▼ Al día siguiente, retirar y dejar tomar temperatura ambiente.

▼ Estirar hacia el lado de las aberturas, doblar en tres partes y llevar a la heladera 1 hora.

▼ Retirar, estirar hasta que alcance un espesor de 3 mm, cortar cuadrados de 6 o 7 cm de lado, rellenar a gusto y formar los paquetitos (véase dibujo 2).

▼ Poner un placas enmantecadas, dejar levar, decorar con pastelera y algunas frutas, pincelar con huevo batido.

▼ Hornear a 220° C durante 15 minutos, abrillantar con mermelada reducida y decorar con *glacé*.

Rellenos

▼ Mezclar la ricota con el azúcar y el huevo. Dividir en tres partes y mezclar una con los duraznos picados, otra con las almendras picadas y otra con las nueces.

▼ Mezclar la crema pastelera con las cerezas.

Nota

• También se les puede dar otras formas, como pañuelitos, lechucitas y canastitas (véanse dibujos en págs. 203 y 206)

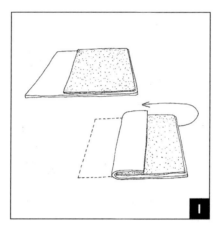

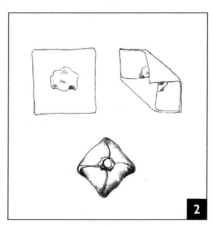

Factura danesa

2 docenas

Ingredientes

MASA
500 g de harina 0000
1 cucharadita de sal
25 g de levadura
50 g de azúcar
3 huevos
150 cc de leche

EMPASTE
200 g de manteca
1 cucharada de harina

- Cernir la harina con la sal dentro de un bol, desmenuzar la levadura, agregar el azúcar, los huevos y la leche fría.
- Unir los ingredientes y formar un bollo. Amasar, cubrir y dejar reposar 20 minutos.
- Mezclar la manteca fría con la harina, llevar a heladera 10 minutos.
- Estirar la masa dándole forma rectangular, colocar el empaste en el centro dejando bastante borde libre y cerrar doblando la masa en 3 partes, estirar hacia el lado de las aberturas y volver a doblar en 3, cubrir y llevar a heladera 30 minutos.
- Repetir el paso anterior 2 veces más, respetando los intervalos de reposo en la heladera. Dejar enfriar 2 horas y utilizar.
- Para preparar los pañuelitos de cerezas estirar la masa hasta que tenga 5 mm de espesor. Cortar cuadrados de 10 cm de lado.
- Pincelar con huevo batido y llevar los dos extremos opuestos hacia el centro (véase dibujo 1), ubicar en placa enmantecada. Dejar levar.
- Decorar con crema pastelera y con cerezas al marraschino. Pincelar con huevo, adherir maní fileteado y hornear a 220° C durante 20 minutos. Una vez cocidos, abrillantar con mermelada reducida.
- Para preparar los molinetes estirar la masa hasta que tenga 5 mm de espesor y cortar cuadrados de 12 cm de lado.

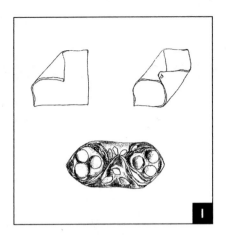

▼ Cortar por los 4 vértices sin llegar al centro, llevar 4 extremos hacia adentro dejando uno por medio sin levantar (véase dibujo 2). Dejar levar.

▼ Decorar con crema pastelera y duraznos en almíbar. Pincelar con huevo batido y hornear a 220° C durante 20 minutos.

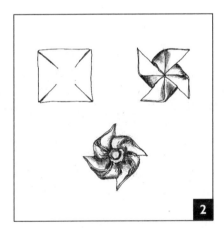

Factura de grasa

4 docenas

Ingredientes

1 kilo de harina 0000
15 g de sal
80 g de azúcar
20 g de levadura
550 cc de agua
1 cucharadita de extracto de malta
25 g de grasa o margarina

EMPASTE
200 g de harina
500 g de grasa o margarina

- Colocar en un bol la harina cernida junto con la sal y el azúcar. Hacer un hueco e incorporar la levadura desgranada, el agua bien fría, el extracto de malta diluido y la grasa o margarina a temperatura ambiente.
- Mezclar con cuchara de madera e incorporar de a poco la harina. Formar un bollo sin amasar demasiado, colocar sobre una mesada apenas aceitada y cubrirlo con polietileno, dejar reposar 20 minutos.
- Para preparar el empaste colocar en un bol la grasa o margarina bien blanda e incorporar la harina hasta formar una pasta homogénea, de consistencia cremosa.
- Estirar el bollo dándole forma rectangular, cubrir toda su superficie con el empaste y doblar en tres partes. Cubrir con polietileno y dejar descansar 30 minutos, hasta que se pueda estirar con las manos.
- La masa no debe levar en ningún momento, ya que si esto sucede se pierde el hojaldre. Con las manos estirar para dejar bien fino hacia adelante, atrás y hacia los costados, evitar que la grasa se escurra.
- Cortar tiras y amasarlas dándoles forma cilíndrica, dejar descansar cubiertas con polietileno. Estirar cada cilindro para afinarlo un poco más (aprox. 3 cm de diámetro).
- Cortar a mano o puño las piezas de 40 g cada una, acomodar sobre una mesada, cubrir con polietileno y dejar descansar hasta que se puedan estirar con las manos y dar la forma.

▼ Observar en el dibujo 1 cómo estirar los bollitos para no romper el hojaldre.

▼ Para armar las medialunas, dar al bollito ya descansado forma triangular, apoyar sobre una mesada sin aceitar y formar la medialuna arrollando desde la base a la punta, presionando bien con la mano (véase dibujo 2). Dejar descansar para poder estirar las puntas y que éstas resulten finas. Colocar en placas engrasadas y dejar levar.

▼ Para las santiagueñas, colocar el trozo de masa sobre una placa y hundir con la punta de los dedos dándole forma redonda, dejar puntear y espolvorear con azúcar molido.

▼ Para realizar las lengüitas, estirar el rollito de masa hacia los costados y colocar sobre la placa, dejar levar y decorar un lado con membrillo y el otro con crema pastelera.

▼ Los vigilantes se forman igual que las medialunas pero sin curvar. Deben colocarse uno al lado del otro, espolvorearlos con azúcar y/o decorar, dejar levar.

▼ Todas estas facturas se cocinan en horno caliente (220° C) durante 20 minutos. Una vez cocidas, si se desea, pintarlas con almíbar.

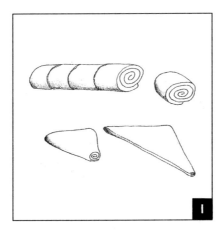

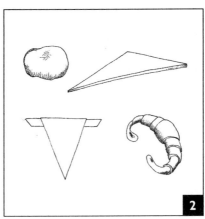

Factura de hojaldre

2 docenas

Ingredientes

MASA
1 huevo
300 cc de agua fría
1 cucharadita de esencia de vainilla
10 g de sal fina
500 g de harina 0000

EMPASTE
500 g de manteca
50 g de harina

- Colocar en un bol el huevo con el agua fría, perfumar con la esencia y agregar la sal.
- Por último incorporar la harina y formar un bollo que no debe amasarse demasiado, cubrirlo y llevar a heladera 30 minutos.
- Mezclar la manteca a temperatura ambiente con la harina hasta obtener una pasta homogénea.
- Estirar la masa dándole forma rectangular, distribuir el empaste en la mitad y doblar al medio apretando los bordes. Cubrir y llevar a heladera 1 hora.
- Estirar hacia el lado de las aberturas y doblar en 4 partes, cubrir y dejar descansar 30 minutos en heladera.
- Repetir este paso 3 veces más. Finalmente dejar enfriar bien, estirar y formar las facturas según las explicaciones y los dibujos de páginas 203 y 204. Colocar sobre placas humedecidas y hornear a temperatura fuerte (230° C) hasta que se levanten las hojas de la masa, luego bajar la temperatura para secar su interior.
- Una vez cocidas, abrillantar con mermelada reducida (véase pág. 20), espolvorear con azúcar impalpable, o rellenar con dulce, etc.

Nota

- ¿Cómo se produce el hojaldrado?
Una vez laminada la masa a un espesor suficiente, ésta se dobla de tal manera que quedan tres capas de manteca entre cuatro capas de masa. Una y otra vez se vuelve a laminar y a doblar, hasta que se formen cientos de capas delgadísimas de manteca, cada capa aislada por capas de masa.
- ¿Qué pasa cuando la masa está en el horno?
El calor hace que se funda la manteca y se produzca vapor del agua contenida en la pasta. Este vapor se expande entre las capas de masa, que se mantienen separadas por la lubricación que hizo la manteca. Estas capas que se extienden a través de toda la pasta son forzadas a separarse y la pasta se expande. Cientos de capas de vapor sostienen expandida la masa hasta que se terminan de cocinar la harina y la manteca.

Variantes

Canastitas

- Cortar cuadrados de 6 a 7 cm de lado y 3 mm de espesor. Colocar membrillo y manzana o pastelera y fruta en cada centro. Apretar los lados hacia el medio como indica el dibujo 1.
- Colocar sobre placas limpias; pintar con huevo, sin tocar los bordes para que el hojaldre levante.

Cuadrados

- Cortar cuadrados de 6 o 7 cm de lado y 4 mm de espesor; hacer cortes en sus lados con un cuchillo bien filoso, sin arrastrar la masa; poner crema pastelera o dulce de membrillo en el centro. Dibujo 2A.

Pañuelitos

- Cortar cuadrados de 6 a 7 cm de lado y 3 mm de espesor; colocar relleno en el centro y doblar como se indica en el dibujo 2B.

Manzanitas

- Cortar rectángulos de 20 x 10 cm o cuadrados de 10 cm de lado y 3 mm de espesor, picar la superficie y colocar a lo largo una capa de dulce de membrillo o mermelada. Sobre éste colocar rodajas finas de manzana pelada. Realizar cortes en los costados de la masa, cuidando de no arrastrarla. Dibujo 3.

Rectángulos dulces

- Cortar rectángulos de 10 x 4 cm y 4 mm de espesor. Picar la superficie y hornear. Una vez fríos, cortar al medio y rellenar con dulce de leche pastelero. Espolvorear con azúcar impalpable. Dibujo 4.

Palmeras

▼ Sobre la mesada espolvoreada con azúcar colocar una plancha de masa de hojaldre cruda; espolvorearla con azúcar y estirarla hasta que alcance un espesor de 2 mm.

▼ Cortar tiras de 18 cm por el largo de la masa; arrollar desde los costados hacia el centro en dobleces de 3 cm, encimar los arrollados y cortar rebanadas de 2 cm de espesor. Dibujo 5.

▼ Acomodarlas en placas limpias. A mitad de la cocción darlas vuelta para que se doren en forma pareja.

▼ Para las palmeras gigantes hacer dobleces de 6 cm.

Cañoncitos

▼ Cortar tiras de 3 cm de ancho por 3 mm de espesor. Formar los cañoncitos según lo indicado en el dibujo 6 y el tamaño que se desee. Tener la precaución, al ubicarlos en las placas para cocinarlos, de poner la pestaña hacia abajo.

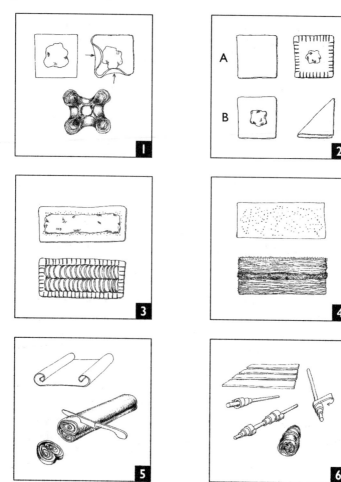

Factura de manteca

Ingredientes

450 cc de leche fría
3 huevos
1 cucharada de extracto de malta
170 g de azúcar
30 g de manteca
25 g de levadura
1 cucharadita de esencia de vainilla

1 cucharadita de esencia de limón
1 kilo de harina 0000
15 g de sal

EMPASTE
500 g de manteca
50 g de harina

- Colocar dentro de un bol la leche fría, los huevos, el extracto de malta, el azúcar, la manteca blanda y la levadura desgranada. Mezclar con cuchara de madera y perfumar con las esencias.
- Agregar la harina cernida con la sal y formar un bollo, amasarlo, colocarlo dentro de un bol, cubrir con polietileno y llevar a heladera 30 minutos.
- Estirar la masa dándole forma rectangular hasta que alcance un espesor de 2 cm. Colocar el empaste bien frío en el centro y cerrar doblando la masa en 3 partes.
- Colocar los 3 dobleces hacia el frente del que amasa, estirar hacia adelante y hacia atrás y volver a doblar en tres partes, cubrir con polietileno y llevar a heladera 30 minutos.
- Retirar y repetir el doblez. Cubrir y llevar a heladera hasta el día siguiente. Retirar, dejar que tome temperatura ambiente, estirar y doblar una vez más tratando de no romper la masa.
- Finalmente estirar y dar las formas que se desee según las explicaciones y dibujos de páginas 206 y 207.
- Colocar en placas enmantecadas y dejar levar.
- Decorar con crema pastelera o dulce de membrillo y pincelar con huevo batido.
- Cocinar a horno fuerte (200° C) durante 20 minutos.
- Al retirar del horno abrillantar con mermelada reducida o almíbar fuerte (véase pág. 20).

Notas

- Si se reemplaza la manteca por la margarina para hojaldre utilizar 400 g y proceder de la misma manera, sin llevar la masa a la heladera, pues este medio graso no requiere frío. Por lo tanto, trabajar directamente sobre la mesada y realizar las formas.
- Respetar los períodos de descanso, que serán sobre la mesada y no en la heladera.

Variantes

Medialunas

▼ Estirar la masa dándole forma rectangular, cortar triángulos y proceder como se ve en el dibujo 1.

Moñitos

▼ Estirar la masa dándole forma rectangular, dejarla algo gruesa. Cortar rectángulos de 6 x 3 cm y proceder como se ve en el dibujo 2.

Cuellitos

▼ Cortar rectángulos como en el caso de los moñitos y seguir las instrucciones del dibujo 3A.

Pañuelitos

▼ Cortar cuadrados de 6 cm de lado y seguir las indicaciones del dibujo 3B.

Lechucitas

▼ Cortar triángulos y colocarles dulce, manzana o crema pastelera, doblar según se indica en le dibuja 4A y adornar con cremas, nueces o cerezas.

Planchitas

▼ Cortar rectángulos de 7 x 3 cm., colocar sobre chapas enmantecadas, dejar levar y decorar las puntas con crema pastelera y/o membrillo. Dibujo 4B.

Sacramentos

▼ Estirar la masa dándole forma de rectángulo de 8 cm de ancho. Cortar triángulos de 4 cm de base y proceder según se indica en el dibujo 5. Al ponerlos en las placas dejar 2 cm entre uno y otro.

Espirales

▼ Estirar la masa dándole forma de rectángulo de 30 x 15 cm y un espesor de 3 mm. Cubrir con crema pastelera, arrollar a lo ancho y cortar discos de 1 cm de altura. Acomodar sobre chapas enmantecadas y dejar levar.

Pilares

▼ Cortar rectángulos de 3 x 7 cm. Hacer un corte vertical en el centro y proceder según se indica en el dibujo 7. Dejar levar, hornear y una vez fríos decorar con dulce de leche, espolvorear con azúcar impalpable.

Monjitas

▼ Cortar cuadrados de 6 cm de lado y proceder como se indica en el dibujo 8. Dejar levar sobre placas enmantecadas, decorar la parte inferior con crema pastelera o dulce, pincelar y hornearlas.

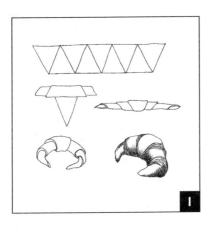

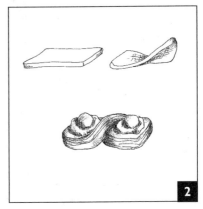

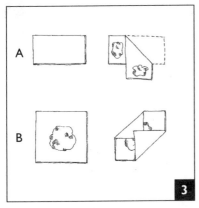

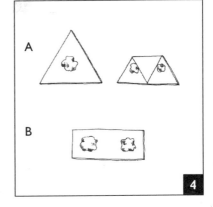

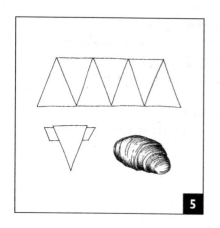

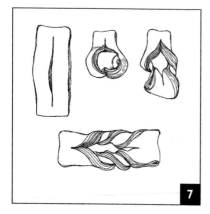

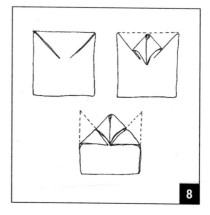

Pains au chocolat

2 docenas

Ingredientes

Masa

25 g de levadura
280 cc de leche
75 g de azúcar
15 g de sal
500 g de harina

Empaste

200 g de manteca
50 g de harina

Varios

4 barritas de chocolate
cantidad necesaria de glacé o
azúcar impalpable

- Colocar dentro de un bol la levadura desgranada. Agregar la leche fría, el azúcar y la sal. Mezclar con cuchara de madera y agregar de a poco la harina.
- Formar un bollo, amasarlo poco, cubrir con un polietileno y dejar reposar sobre la mesada 30 minutos.
- Volver a amasar otro poco y llevarla a la heladera 1 hora, siempre cubierta.
- Para hacer el empaste, mezclar sobre un mármol frío la manteca con la harina hasta formar un pan de base rectangular. Llevarlo a la heladera y dejar enfriar bien.
- Estirar la masa dándole forma rectangular, disponer el empaste en el centro y encerrarlo dentro de la masa. Estirar hacia los costados (del lado donde se cuentan las aberturas) y también estirar hacia adelante y hacia atrás.
- Doblar en tres partes, cubrir con un polietileno y llevar a la heladera 30 minutos.
- Retirar y repetir el paso anterior. Llevar a la heladera toda una noche.
- Al día siguiente sacarlo, dejar que tome temperatura ambiente y estirar. Doblar en tres, cubrir y llevar a heladera 20 minutos.
- Estirar finalmente a un espesor de 4 mm. Cortar rectángulos de 12 x 6 cm. Colocar en el centro un trocito de chocolate y arrollar.
- Ubicar en placas enmantecadas y dejar levar. Pincelar con huevo batido y cocinar a 220º C durante 20 minutos. Al sacar del horno espolvorear con azúcar impalpable o cubrir con *glacé*.

Pan de leche

4 docenas

Ingredientes

450 cc de leche
50 g de levadura
1 kilo de harina 000
15 g de sal
150 g de azúcar
85 g de manteca
2 huevos
1 cucharadita de extracto de malta

esencias de vainilla y limón a gusto

CREMA PASTELERA
1 litro de leche
4 huevos
300 g de azúcar
130 g de harina
esencia de vainilla a gusto

- Disolver la levadura en 100 cc de la leche.
- Poner la harina en forma de corona previamente cernida con la sal, hacer un hueco y colocar el azúcar, la manteca, los huevos, el extracto de malta previamente disuelto, las esencias y el resto de la leche.
- Mezclar los ingredientes centrales e ir incorporando la harina hasta formar una masa tierna, amasarla sobándola bien durante 10 minutos.
- Colocar en un bol, cubrir con un lienzo y dejar levar aproximadamente 1 hora.
- Tomar porciones de 40 g y formar bollitos, colocarlos sobre una placa enmantecada, pintar con huevo y dejar levar.
- Colocar la crema pastelera en una manga con boquilla lisa y formar círculos sobre los bollitos ya levados. Espolvorear el centro con azúcar y hornear a 200° C durante 20 minutos.
- Retirar y abrillantar con mermelada reducida (véase pág. 20).

Crema pastelera

- Hervir la leche. Colocar en un recipiente, preferentemente de cobre o acero inoxidable, los huevos y el azúcar, batir e incorporar la harina, mezclando con un batidor de alambre. Verter la leche hirviendo y continuar revolviendo, llevar a fuego suave hasta que la crema espese. Perfumar con esencia de vainilla y agregar unas gotitas de colorante amarillo.

Variantes

Miguelitos (5 docenas)

▼ Tomar porciones de 30 g y formar pancitos alargados, colocar sobre placa enmantecada. Dejar puntear y hornear sin pintar con huevo. Una vez fríos, cortar con tijera la superficie, rellenar con dulce de leche o crema pastelera y espolvorear con azúcar impalpable.

Libritos de maní

▼ Estirar la masa hasta que alcance 3 mm de espesor. Cortar rectángulos de 20 cm x 8 cm de ancho.

Extender en el centro y a lo largo una capa de dulce de membrillo; doblar por la mitad y cortar cuadrados de 4 cm de lado. Colocar sobre placas enmantecadas, cubrir y dejar levar. Pintar con huevo batido y adherir maní fileteado. Hornear a temperatura moderada por espacio de 20 minutos. Una vez cocidos y aún calientes, espolvorear con azúcar impalpable.

Tortitas alemanas

▼ Cortar un rectángulo de 20 cm de largo x 12 cm de ancho y 4mm de espesor. Untar la superficie con crema pastelera y adherir pasas de uva. Arrollar desde el lado más ancho. Cortar rodajas de 7 mm de espesor. Colocar sobre placas enmantecadas, cubrir y dejar levar. Decorar con crema pastelera, pintar con huevo batido y hornear a temperatura moderada 25 minutos. Una vez cocidas, espolvorear con azúcar impalpable.

Rosquitas

▼ Tomar porciones de 50 g de masa ya levada y bollar; cubrir con polietileno y dejar reposar 20 minutos. Realizar un agujero en el centro y formar las rosquitas. Colocar sobre placas enmantecadas, cubrir y dejar levar. Decorar con crema pastelera y azúcar grana. Pintar con huevo batido y hornear a temperatura moderada durante 20 minutos. Una vez cocidas, abrillantar con mermelada reducida o almíbar espeso (véase pág. 20).

Napolitanos

Ingredientes

300 cc de leche

500 g de recortes de masas finas o facturas

300 g de azúcar

30 g de manteca

1 cucharada de esencia de vainilla

500 g de harina 000

40 g de polvo para hornear

30 g de cacao en polvo

50 g de nueces picadas

100 g de pasas de uva

▼ Colocar la leche tibia en un bol, agregar los recortes y dejar reposar 1 hora.

▼ Batir con batidor de alambre para desintegrarlos perfectamente.

▼ Agregar el azúcar, la manteca blanda y la esencia. Tamizar la harina con el polvo para hornear y el cacao en polvo.

▼ Mezclar con la preparación anterior y añadir las pasas y las nueces.

▼ Forrar con papel manteca una asadera y verter la mezcla, que no debe superar el 1,5 cm, cocinar en horno de temperatura moderada durante 45 minutos.

▼ Una vez frío cubrir con chocolate cobertura, espolvorear con granas de colores o maní fileteado y cortar en rectángulos del tamaño deseado.

Nota

• En las panaderías se utilizan recortes de facturas y masas para realizar los napolitanos, el ama de casa puede emplear recortes de bizcochuelos, galletitas, vainillas, etc.

Tortitas negras y rubias

| 2 docenas |

Ingredientes

500 g harina 000
10 g de sal
35 g de levadura
200 cc de leche
60 g de azúcar
1 huevo
75 g de manteca
1 cucharadita de esencia de vainilla
CUBIERTA DE TORTITAS NEGRAS
200 g azúcar negra

100 g azúcar blanca
2 cucharadas de harina 000
CUBIERTA DE TORTITAS BLANCAS
300 g de azúcar rubia
1 cucharada de harina 000

VARIOS
cantidad necesaria de harina para espolvorear
huevo o leche para pintar

- Cernir dentro de un bol la harina con la sal, hacer un hueco y colocar la levadura, la leche tibia, el azúcar, el huevo, la manteca blanda y la esencia de vainilla.
- Formar una masa blanda y amasar sobre una mesa de madera durante 10 minutos, hacer un bollo y colocarlo tapado en un bol enmantecado, aceitado o enharinado, dejar levar en lugar templado.
- Estirar la masa, espolvorear con harina, doblar por la mitad y volver a estirar.
- Cortar con cortapasta círculos de 4 cm de diámetro, acomodarlos sobre placas enmantecadas y enharinadas.
- En la primera fila se disponen las tortitas una al lado de la otra, en la segunda se las debe colocar entre la primera y la segunda tortita de la primera fila, proceder de esta manera hasta completar la placa.
- Espolvorear con harina la superficie de las tortitas, retirarla con un pincel seco para que ésta caiga en cada intersticio y evitar que se peguen una vez cocidas.
- Pincelar con huevo batido, agua o leche y espolvorear en forma abundante con el azúcar ya preparada.
- Cubrir con un polietileno y dejar levar. Hornear a temperatura moderada durante 20 minutos.

Nota

- Al preparar las cubiertas, mezclar los ingredientes y colocarlos dentro de un cernidor para que caigan en forma pareja sobre la superficie de cada tortita.

Vigilantes fritos

| 2 docenas |

Ingredientes

FERMENTO
25 g de levadura
50 cc de leche tibia
1 cucharadita de azúcar
1 cucharada de harina 000

MASA
2 huevos

150 cc de leche tibia
50 g de azúcar
50 g de manteca
1 cucharadita de esencia de vainilla
1 cucharadita de esencia de limón
500 g de harina 000
1 cucharadita de sal

❦ Disolver la levadura en la leche tibia; agregar el azúcar y la harina. Batir enérgicamente hasta que se formen burbujas. Cubrir y dejar fermentar.

❦ Añadir luego los huevos, la leche tibia, el azúcar, la manteca blanda y las esencias. Mezclar con cuchara de madera e incorporar la harina cernida con la sal. Formar una masa suave, cubrir y dejar levar.

❦ Estirar la masa dándole forma rectangular y cortar triángulos. Enrollardos y disponerlos sobre una placa enmantecada. Cubrir y dejar levar nuevamente.

❦ Freír en abundante aceite o aceite y grasa cuidando que el medio graso esté tibio para no arrebatar la masa y evitar que queden crudos en el interior; dorarlos de ambos lados. Escurrir sobre papel absorbente y pasarlos por azúcar molida.

Nota

• Si se desea, efectuar un corte a lo largo con tijera y rellenar con crema pastelera a la vainilla o al chocolate o dulce de leche repostero puesto en manga con boquilla lisa.

Ensaimadas

3 docenas

Ingredientes

70 g de levadura
1 cucharada de azúcar
100 cc de leche
1 cucharada de harina 0000

MASA
170 g de azúcar
170 g de manteca
1 cucharada de esencia de vainilla
1 cucharada de extracto de malta

4 huevos
300 cc de leche
1 kilo de harina 0000
1 cucharadita de sal
3 cucharadas de aceite

VARIOS
200 g de grasa de cerdo
cantidad necesaria de agua
150 g de azúcar impalpable

- Diluir la levadura de cerveza en la leche tibia, el azúcar y la harina, batir y dejar fermentar.
- Aparte, colocar en un bol el azúcar, la manteca blanda, la esencia, el extracto de malta, los huevos y la leche tibia. Agregar el fermento y por último la harina cernida con la sal. Formar un bollo suave y dejar levar, añadir el aceite y dejar descansar 10 minutos.
- Tomar porciones de 60 g untar la masa y el palote con grasa de cerdo, estirar los bollitos, arrollarlos y alisarlos con las palmas de las manos engrasadas.
- Darles forma de espiral, acomodarlas sobre placas engrasadas y dejar que dupliquen su volumen.
- Rociar apenas con agua y cocinar en horno de temperatura moderada durante 20 minutos. Servirlas espolvoreadas con azúcar impalpable.

Índice

PANES

PANES INTEGRALES

PANES ESPECIALES

GALLETAS Y GALLETITAS

MASAS DULCES

FACTURAS

COCINA

BERRETEAGA EXPRESS
Choly Berreteaga

COCINA EN UN ABRIR Y CERRAR DE LATAS
Choly Berreteaga

LA COCINA SANA DE UTILÍSIMA
Cecilia de Imperio

MICROONDAS - COCINA BÁSICA
Manuel Aladro

MICROONDAS 2 - CON FREEZER
Manuel Aladro

TODO DULCE
Maru Botana

TODO PARA FIESTAS (COCINA Y MANUALIDADES)
Élida de López y Patricia Masjuan

MANUALIDADES

300 DISEÑOS PARA ESTÉNCIL
Susana Olveira

HÁGALO USTED MISMA
María José Roldán

PINTURA DECORATIVA
Bibiana Álvarez Roldán y Martín Palacios Añaños

PINTURA SOBRE TELA
Adriana Bagnardi

TODO RECICLADO
Bibiana Álvarez Roldán

TODO PARA EL BEBÉ
Marina Orcoyen

SERVICIOS ÚTILES

EL GRAN LIBRO DEL HOGAR UTILÍSIMA
EL LIBRO DE MI BEBÉ
SIEMPRE JOVEN